Vorbereiten
auf Ausbildung
und Beruf

WOHNEN

Marina Felgenträger
Dr. Gudrun Leidecker
Grit Lemke

unter Mitarbeit der Verlagsredaktion

westermann

Diesem Buch wurden die bei Manuskriptabschluss vorliegenden neuesten Ausgaben der DIN-Normen, VDI-Richtlinien und sonstigen Bestimmungen zu Grunde gelegt. Verbindlich sind jedoch nur die neuesten Ausgaben der DIN-Normen und VDI-Richtlinien und sonstigen Bestimmungen selbst.

Die DIN-Normen wurden wiedergegeben mit Erlaubnis des DIN Deutsches Institut für Normung e.V. Maßgebend für das Anwenden der Norm ist deren Fassung mit dem neuesten Ausgabedatum, die bei der Beuth-Verlag GmbH, Burggrafenstraße 6, 10787 Berlin, erhältlich ist.

Auf verschiedenen Seiten dieses Buches befinden sich Verweise (Links) auf Internet-Adressen. Haftungshinweis: Trotz sorgfältiger inhaltlicher Kontrolle wird die Haftung für die Inhalte der externen Seiten ausgeschlossen. Für den Inhalt dieser Seiten sind ausschließlich deren Betreiber verantwortlich. Sollten Sie bei dem angegebenen Inhalt des Anbieters dieser Seite auf kostenpflichtige, illegale oder anstößige Inhalte treffen, so bedauern wir dies ausdrücklich und bitten Sie, uns umgehend per E-Mail unter www.westermann.de davon in Kenntnis zu setzen, damit der Verweis beim Nachdruck gelöscht wird.

Das Werk und seine Teile sind urheberrechtlich geschützt. Jede Nutzung in anderen als den gesetzlich zugelassenen Fällen bedarf der vorherigen schriftlichen Einwilligung des Verlages. Hinweis zu § 52 a UrhG: Weder das Werk noch seine Teile dürfen ohne eine solche Einwilligung gescannt und in ein Netzwerk eingestellt werden. Dies gilt auch für Intranets von Schulen und sonstigen Bildungseinrichtungen.

1. Auflage, 2009
Druck 2, Herstellungsjahr 2010

© Bildungshaus Schulbuchverlage
Westermann Schroedel Diesterweg Schöningh Winklers GmbH, Braunschweig
www.westermann.de

Redaktion: Heidrun Kreitlow
Layout-Konzept: boje5 Grafik & Werbung, Braunschweig
Satz: Sperling Info Design GmbH, Gehrden
Illustration: Sperling Info Design GmbH, Gehrden
Druck und Bindung: westermann druck GmbH, Braunschweig

ISBN 978-3-14-290520-4

Vorwort und Nutzerhinweise

Dieses Buch soll jungen Erwachsenen bei der beruflichen und sozialen Integration helfen. Es ist Bestandteil der Reihe „Vorbereiten auf Ausbildung und Beruf" und wurde speziell für alle Formen der Berufausbildungsvorbereitung entwickelt.

In allen Kapiteln werden die Sachverhalte in einer einfachen Sprache beschrieben. Eine große Anzahl von selbsterklärenden Fotografien und Grafiken begleiten anschaulich die textlichen Beschreibungen.

Alle Kapitel beginnen mit einer Übersichtsseite.
Sie informiert über den zu erwartenden Inhalt und soll Interesse wecken.

In den Kapiteln sind vielfältige Themenbezüge aus der Erlebens- und Erfahrungswelt junger Erwachsener zu finden, an denen die fachlichen Aspekte behandelt werden. Durch das Einbeziehen praxisbezogener Aufgabenstellungen wird ein handlungsorientierter Unterricht ermöglicht. Jedes Fachkapitel endet mit einer großen Zusammenfassung, die eine gezielte Wiederholung und Festigung des Erlernten unterstützt.

Im Interesse der besseren Lesbarkeit wurde in diesem Buch meist nur die männliche Form verwendet. Selbstverständlich sind immer beide Geschlechter angesprochen.

Die Autoren und der Verlag sind für Hinweise und Verbesserungsvorschläge jederzeit aufgeschlossen und dankbar.

Autoren und Verlag

In diesem Buch werden immer wiederkehrende Symbole und Elemente verwendet. Sie dienen dazu, den Überblick zu behalten:

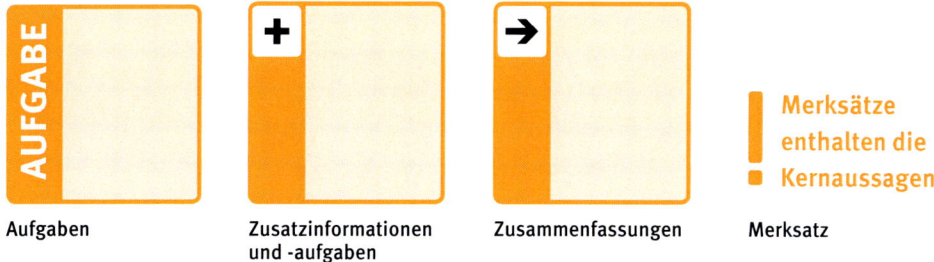

Aufgaben   Zusatzinformationen und -aufgaben   Zusammenfassungen   Merksatz

Merksätze enthalten die Kernaussagen

Inhaltsverzeichnis

1	**Starten in die Selbstständigkeit**	**5**
1.1	Eine Wohnung suchen	6
1.2	Sich um eine Wohnung bewerben	14
1.3	Die Wohnung mieten	20
2	**Die ersten Schritte**	**27**
2.1	Die Renovierung planen	28
2.2	Materialbedarf ermitteln	32
2.3	Die Wohnung renovieren	36
3	**Die Wohnung einrichten**	**45**
3.1	Die Einrichtung planen	46
3.2	Entscheidungen treffen	50
3.3	Möbel kaufen	52
3.4	Wenn die Ware defekt ist	56
4	**Umziehen und ankommen**	**61**
4.1	Einen Umzug organisieren	62
4.2	Möbel montieren	70
4.3	Wohnbereiche gestalten	76
5	**Den eigenen Haushalt führen**	**79**
5.1	Die Wohnung pflegen	80
5.2	Zimmerpflanzen pflegen	88
5.3	Den Haushalt finanzieren	90
6	**Eine Einweihungsparty organisieren**	**99**
6.1	Zeit zum Feiern und Danke sagen	100
6.2	Kleine Snacks und Getränke bereitstellen	102
6.3	Die Hausordnung beachten	106
	Register	108
	Glossar	110
	Bildquellenverzeichnis	112

Starten in die Selbstständigkeit 1

**1.1
Eine Wohnung suchen**

Wer die Wahl hat, muss entscheiden.

**1.2
Sich um eine Wohnung bewerben**

Hiermit kann ein Bewerber punkten.

**1.3
Die Wohnung mieten**

Alles muss rechtens sein!

1 Wohnen im Zentrum der Stadt

2 Wohnen außerhalb der Stadt

1.1 Eine Wohnung suchen

Irgendwann im Leben kommt der Punkt, an dem man sein Leben selbst in die Hand nehmen will. Damit verbunden ist auch der Wunsch nach der ersten eigenen Wohnung.

Doch lässt sich dieser Wunsch auch verwirklichen? Auf dem Weg dahin gibt es viel zu überlegen, zu organisieren und zu tun:

Da heißt es zuerst, eine passende und bezahlbare Wohnung zu finden. Aber wie?

Wer sich für eine Wohnung interessiert, muss sich darum bewerben.

Und was ist alles beim Abschluss eines Mietvertrages zu beachten?

Mit dem richtigen Plan, Umsicht und festem Willen wird aus einem Wunsch Wirklichkeit.

Also, auf geht's ins Abenteuer Wohnung.

Wohnideen formulieren

Am Anfang aller Überlegungen steht die Frage nach der Bezahlbarkeit. Die Antwort darauf hängt von Auswahlkriterien ab, z. B. die:

- Wohnraumgröße,
- Ausstattung,
- Lage (z. B. Verkehrsanbindung) 1 u. 2 .

> Je größer die Wohnung, je besser die Ausstattung und die Lage der Wohnung, desto höher ist die Miete.

AUFGABE

1. Nennen Sie Positives und Negatives Ihrer jetzigen Wohnsituation.

2. Entwickeln Sie ein genaues Bild von Ihrer zukünftigen Wohnung.

3. Überlegen Sie, ob Ihre Wunschwohnung mit den Ihnen zur Verfügung stehenden finanziellen Mitteln Wirklichkeit werden kann.

Eine Wohnung suchen

Tab. 1: Verschiedene Wohnformen

Wohnformen	Beschreibung
Wohngemeinschaft (WG)	• mehrere Menschen wohnen freiwillig zusammen in einer Wohnung • gemeinsame Nutzung von Bad, Küche und eventuell Wohnzimmer • WG-Regeln müssen beachtet werden
Untermiete	• ein Mieter vermietet ein oder mehrere Zimmer seiner Wohnung weiter • meist werden Küche und Bad gemeinsam benutzt • oft sind die Zimmer möbliert • Regeln des Zusammenlebens bestimmt der Hauptmieter
Wohnheim	• betreute Wohnform • wohnen im eigenen Zimmer • Bewohner werden von einer Institution betreut
Eigene Wohnung	• der Mieter bewohnt die Wohnung

Andere Wohnformen prüfen

Eine eigene Wohnung wäre natürlich ideal. Es gibt jedoch noch andere Wohnformen:

- Wohngemeinschaft,
- Untermiete,
- Wohnheim.

Jede dieser Möglichkeiten hat Vor- und Nachteile (Tab. 1), die es zu prüfen gilt.

Die Entscheidung für eine Wohnform hängt wesentlich von der finanziellen Situation und den eigenen Bedürfnissen ab.

AUFGABE

4. Welche Vor- und Nachteile haben die einzelnen Wohnformen für Sie? Stellen Sie Ihre Meinung der Klasse vor.

5. Für welche Wohnform würden Sie sich entscheiden? Begründen Sie Ihre Meinung.

Möglichkeiten der Wohnungssuche

Mit genauen Vorstellungen kann es jetzt auf die Suche gehen. Doch wie und wo beginnen?

Es gibt viele verschiedene Wege, eine Wohnung zu finden:

- Freunde, Verwandte und Bekannte befragen,
- den Anzeigenteil in Zeitungen lesen,
- im Internet recherchieren,
- das schwarze Brett gründlich lesen,
- selbst eine Anzeige aufgeben,
- in den Kommunalverwaltungen nachfragen,
- Wohnungsgesellschaften befragen,
- einen Makler beauftragen.

Viele Vermieter bevorzugen Mieter, die ihnen von bekannten Personen empfohlen werden.

Wissen Freunde, Verwandte oder Bekannte, dass eine Wohnung gesucht wird, können sie eventuell einen Tipp geben.

Eine Wohnung suchen

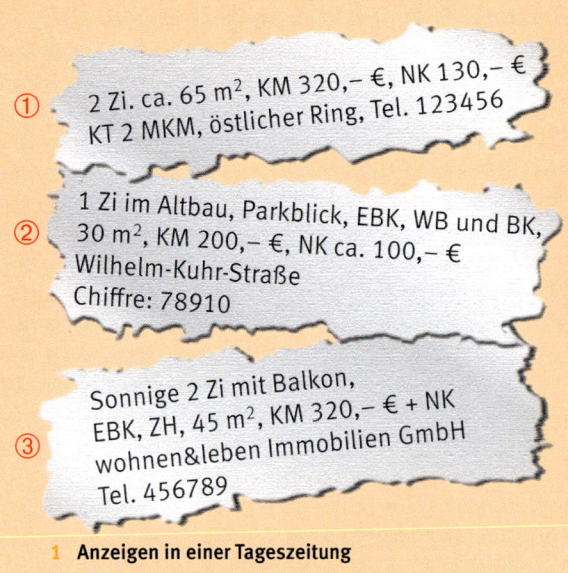

1 Anzeigen in einer Tageszeitung

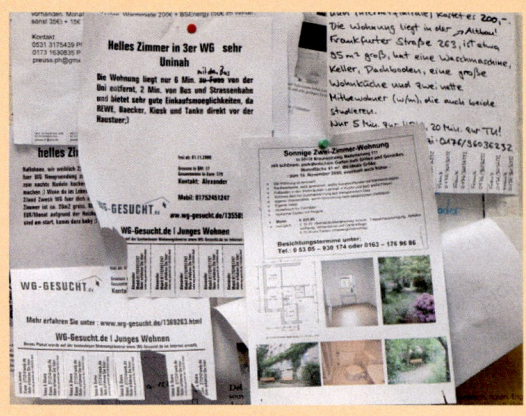

2 Anzeigen am schwarzen Brett

 Finden Sie heraus, was der Tätigkeitsbereich eines Maklers ist.

Kostenlose Informationen über freie Wohnungen sind vor allem in Anzeigen **1** von Tageszeitungen oder im Internet zu finden.

Der Nachteil ist, hier suchen alle. Es besteht die Möglichkeit, dass es mehrere Bewerber für die ausgesuchte Wohnung gibt. Deshalb ist viel Geduld erforderlich, um zum gewünschten Erfolg zu kommen.

Kostenpflichtig sind selbst aufgegebene Suchanzeigen in Zeitungen oder im Internet.

Eine Suchanzeige kann kostenlos an einem schwarzen Brett **2** aushängt werden. Allerdings bedarf dieser Aushang einer Erlaubnis des verantwortlichen Leiters.

Außerdem kann Kontakt zu verschiedenen Wohnungsgesellschaften hergestellt werden. Sie verfügen über einen großen Wohnungsbestand. Manchmal ist die gewünschte Wohnung nicht sofort dabei. Es besteht dann die Möglichkeit, sich vormerken zu lassen.

Mit der Wohnungssuche kann auch ein Makler beauftragt werden. Doch aufgepasst! Bei erfolgreicher Wohnungsvermittlung wird eine Vermittlungsgebühr fällig – die Provision. Diese kann bis zu 2 Monatskaltmieten zuzüglich der **Mehrwertsteuer** betragen. Nebenkosten dürfen jedoch nicht mit angerechnet werden.

AUFGABE

1. Formulieren Sie schriftlich eine Suchanzeige in ganzen Sätzen für Ihre Wohnung am schwarzen Brett. Gestalten Sie diese.

2. Finden Sie Wohnungsgesellschaften in Ihrer Nähe. Notieren Sie sich Name, Adresse und Telefonnummer.

3. Errechnen Sie die Maklerprovision der Wohnung Nr. 3 aus **1**. Laut Vertrag beläuft sich die Provision auf zwei Monatskaltmieten zuzüglich Mehrwertsteuer.

Eine Wohnung suchen

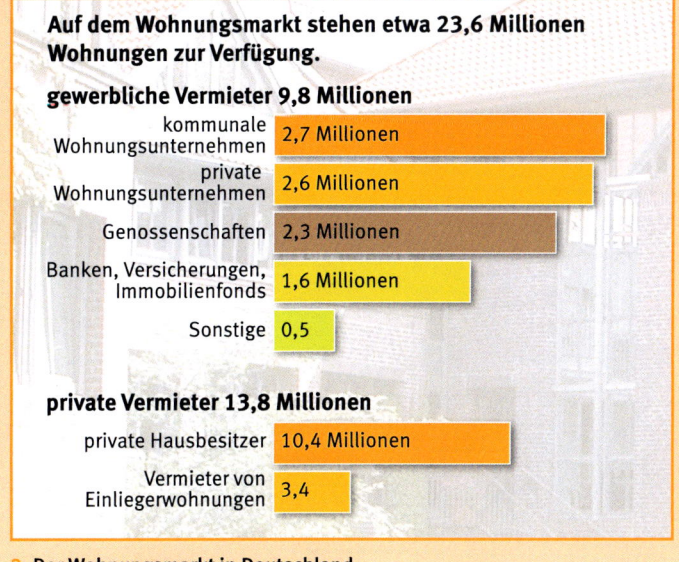

3 Der Wohnungsmarkt in Deutschland

AUFGABE
4. Stellen Sie den Wohnungsmarkt Deutschlands 3 in einem Kreisdiagramm dar.

Sozialen Wohnraum und freien Wohnungsmarkt untersuchen

Bei den angebotenen Wohnungen wird unterschieden nach:

- sozialem Wohnraum und
- freiem Wohnungsmarkt.

Bei geringem Einkommen ist eine Sozialwohnung die richtige Lösung. Sozialwohnungen vermitteln die Kommunen.
Für diese Wohnungen wird ein Wohnberechtigungsschein benötigt. Den Schein kann man auf Antrag beim Wohnungsamt des Ortes erhalten.

Wer keine Sozialwohnung bekommt, schaut sich auf dem freien Wohnungsmarkt um. Die Wohnungen hier sind in der Regel teurer.

Personen mit geringem Einkommen können aber vom Staat einen Zuschuss – **Wohngeld** – zur Miete erhalten. Anspruch darauf hat jeder, der keine anderen Leistungen erhält, z. B.

- Sozialhilfe,
- Sozialgeld,
- Berufsausbildungsbeihilfe (BAB).

> Die Kosten einer Sozialwohnung sind geringer als die einer Wohnung auf dem freien Wohnungsmarkt.

+ Informieren Sie sich im Internet oder in einem Nachschlagewerk über die Begriffe Sozialwohnung und Wohnberechtigungsschein. Notieren Sie stichpunktartig die wichtigsten Merkmale.

AUFGABE
5. Klären Sie die Begriffe Sozialgeld und Sozialhilfe. Nutzen Sie dazu das Internet, ein Nachschlagewerk oder die Möglichkeit der Befragung (z. B. Sozialpädagoge, Bürgeramt).

Eine Wohnung suchen

Tab. 1: Häufige Abkürzungen in Wohnungsanzeigen

Abkürzung	Bedeutung	Abkürzung	Bedeutung
BK	Betriebskosten	KT	Kaution
DB	?	MFH	?
DG	?	MKM	?
EBK	?	MM	?
EG	?	NK	?
HK	?	NR	Nichtraucher
KM	?	OG	?
KoNi	?	WBS	?
		Wfl	Wohnfläche

AUFGABE

1. Tab. 1 ist unvollständig. Entschlüsseln Sie die fehlenden Abkürzungen.

Anzeigen lesen und auswerten

Fast jede Tageszeitung hat einen Anzeigenteil. Dieser enthält auch Wohnungsangebote. Hier finden sich Aussagen zur:

- Wohnungsgröße,
- Ausstattung,
- Lage der Wohnung,
- zum Mietpreis.

Das Aufgeben von Anzeigen ist teuer. Jede Zeile kostet Geld.
Deshalb werden viele Begriffe abgekürzt. Das Wissen um die Bedeutung dieser Abkürzungen erleichtert das Lesen und Verstehen von Anzeigen (Tab. 1).

Zusätzliche Hilfe bieten einige Tageszeitungen und das Internet. Dort werden die verwendeten Abkürzungen erklärt.

Eine Auswahl treffen

Über die verschiedenen Möglichkeiten der Wohnungssuche wurden einige interessante Wohnungsangebote gefunden. Jetzt muss eine Auswahl für die Traumwohnung getroffen werden. Dabei hilft das Ordnen der Angebote z. B. nach:

- Mietpreis,
- Wohnungsgröße,
- Ausstattung,
- Zustand.

Jeder Wohnungssuchende entscheidet für sich, welche Kriterien für ihn ausschlaggebend sind. In erster Linie muss die Wohnung dem monatlichen **Budget** entsprechen. Denn auch Verpflegung, Bekleidung und Freizeit haben ihren Preis.

> **Faustregel:** Die monatliche Miete sollte nicht mehr als ein Drittel des gesamten Einkommens ausmachen.

Eine Wohnung suchen

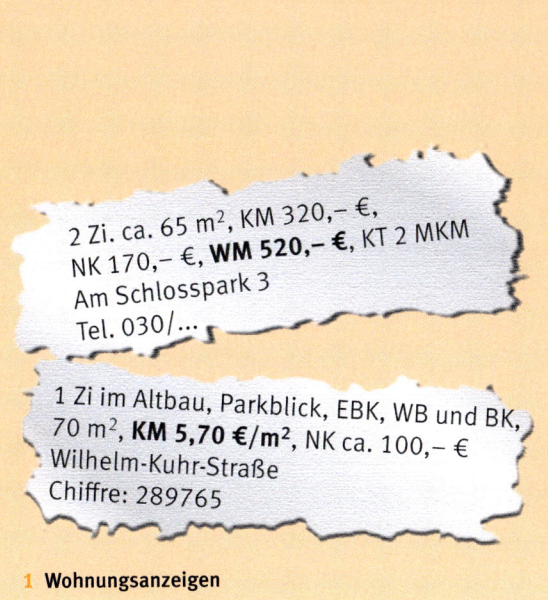

1 Wohnungsanzeigen

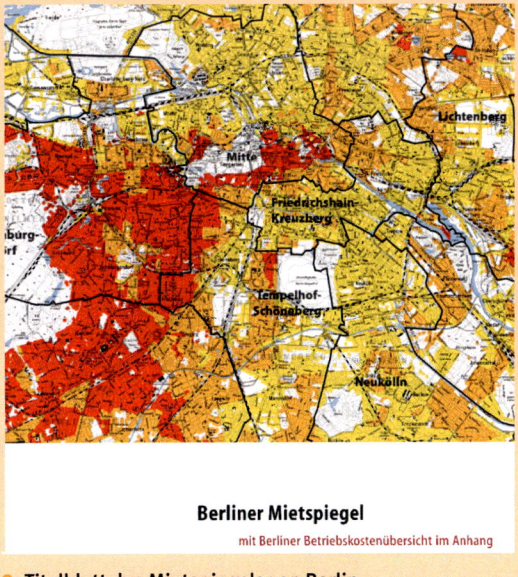

2 Titelblatt des Mietspiegels von Berlin

Den Mietpreis berechnen

Jedem sollte Folgendes klar sein: Kostet die Wohnung mehr als ein Drittel des zur Verfügung stehenden Geldes, dann muss eine preisgünstigere Wohnung gesucht werden.

Deshalb ist die genaue Kenntnis des Mietpreises wichtig. Drei Fragen ergeben sich daraus:

- Was verbirgt sich hinter dem Begriff Miete?
- Wie setzt sich die Miete zusammen?
- Wie hoch ist die Miete?

AUFGABE

2. Erläutern Sie den Begriff Miete. Notieren Sie Ihr Ergebnis.

In Wohnungsanzeigen 1 stehen häufig die Begriffe Kaltmiete (KM) und Warmmiete (WM). Wodurch unterscheiden sich beide?
Die Kaltmiete ist der Preis für die Wohnungsmiete ohne zusätzliche Kosten.

AUFGABE

3. Rechnen Sie folgende Gesamtmieten in den jeweiligen Quadratmeterpreis um:

a) 252 € für 42 m^2,
b) 176 € für 32 m^2,
c) 196,10 € für 37 m^2.
d) Welche Wohnung ist vom Quadratmeterpreis die günstigste, welche die teuerste?

Sie wird in Euro (€) für die gesamte Wohnung wie in Anzeige 1 in 1 angegeben oder wie in Anzeige 2 1 in Euro je Quadratmeter (€/m^2). Die Höhe des Quadratmeterpreises ist nicht immer gleich. Sie richtet sich z. B. nach dem Baujahr und der Ausstattung der Wohnung.

Woher weiß man nun, ob eine Wohnung preiswert oder teuer ist? Orientierung gibt der **Mietspiegel** 2 des jeweiligen Ortes. Hier sind Mieten für Wohnungen vergleichbarer Größe, Art und Ausstattung zusammengestellt. Informationen dazu gibt das **Bürgeramt**.

Eine Wohnung suchen

1 Gartenpflege

2 Hausmeister

3 Müllabfuhr

Die Warmmiete errechnet sich aus der Kaltmiete plus Nebenkosten. Das sind die Kosten für:

- die Gartenpflege 1 ,
- den Hausmeister 2 ,
- die Müllabfuhr 3 ,
- Warm- und Kaltwasser,
- Versicherungen
- und andere …

Sie werden auch Betriebskosten genannt.

Die Betriebskosten werden meist als monatlich festgelegte **Pauschale** zusammen mit der Kaltmiete an den Vermieter gezahlt.

Im Laufe des darauf folgenden Jahres erfolgt die genaue Abrechnung durch den Vermieter.

Je nachdem, wie die Jahresendabrechnung ausfällt, müssen Betriebskosten an den Vermieter nachgezahlt werden.
Im günstigeren Fall werden dem Mieter zu viel gezahlte Beträge erstattet.

> **+** Errechnen Sie die monatliche Belastung für eine Wohnung von 37 m² für 5,10 €/m². Dazu kommen monatliche Nebenkosten in Höhe von 70 € und Jahresenergiekosten in Höhe von 480 €. Erläutern Sie den Rechenweg.

Außerdem fallen Kosten an, die nicht in der Miete enthalten sind. Folgende Kosten werden vom Mieter direkt an den oder die Energieversorger gezahlt:

- Strom,
- Gas,
- Heizung.

> **AUFGABE**
> 1. Ihnen stehen monatlich 900 € zur Verfügung. Die Gesamtmiete darf maximal ein Drittel des zur Verfügung stehenden Geldes betragen. Errechnen Sie den Miethöchstbetrag.

Eine Wohnung suchen

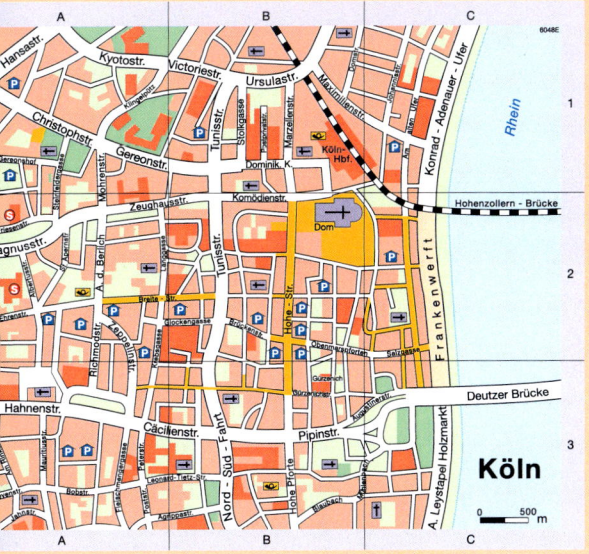

4 Stadtplan

Tab. 1: Arbeitsschritte		
Nr.	Was ist zu tun?	
1.	Stadtplan aufschlagen	
2.	Straßennamen im Straßenverzeichnis suchen	
3.	notieren der Seite, der Buchstaben und Ziffern – sie stehen hinter dem Straßennamen	
4.	Buchstaben und Ziffern auf Karte suchen, befinden sich am oberen bzw. unteren Rand – Ziffern stehen rechts bzw. links am Rand	
5.	mit dem Finger von der Ziffer senkrecht und von dem Buchstaben waagerecht eine Linie ziehen – treffen sich die Linien, ist das Planquadrat gefunden	

Straße im Stadtplan finden

Einige bezahlbare Wohnungen stehen zur Auswahl. Nun muss die Lage entscheiden.

Eine gute Verkehrsanbindung, zentrale Einkaufs- und Freizeitmöglichkeiten sind Vorzüge.

Pluspunkte wären auch die Nähe zur Schule, zum Ausbildungsbetrieb bzw. Arbeitsplatz und selbstverständlich zu Freunden.

Um herauszufinden, ob die gewählte Wohnung auch diesem Anspruch genügt, wird ein Stadtplan 4 des jeweiligen Ortes benötigt.

Im Straßenverzeichnis des Stadtplanes sind alle Straßen namentlich aufgeführt und alphabetisch geordnet.

Hinter den Straßennamen stehen die Seitenzahl sowie Zahlen und Buchstaben. Sie dienen der Lagebeschreibung der gesuchten Straße (Tab. 1).

AUFGABE

2. Nennen Sie die Planquadrate, in denen das Kreuz und der Kreis gesetzt sind.

	A	B	C	D	E	F	
1							1
2						×	2
3		○					3
4							4
5							5
	A	B	C	D	E	F	

5 Beispiel für ein Planquadrat

3. Suchen Sie die Straße, in der sich Ihre Schule befindet, in einem geeigneten Stadtplan. Nutzen Sie dazu die Arbeitsschritte aus Tab. 1.

Stadtpläne sind genau wie Landkarten in Planquadrate 5 eingeteilt. Dadurch kann die gesuchte Straße schnell gefunden werden.

> Ein Stadtplan ist in Planquadrate eingeteilt, die mit Buchstaben und Zahlen gekennzeichnet sind.

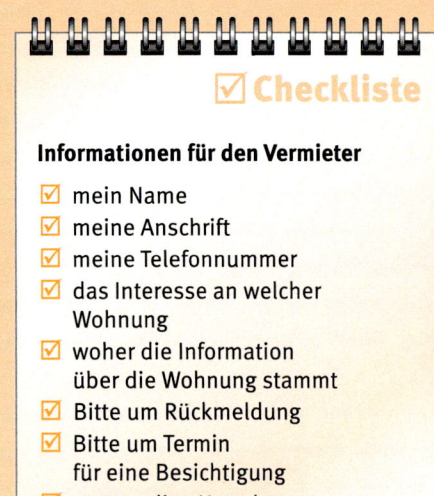

1 Wohnungsanzeigen mit Telefonnummer, Chiffre und Mail   2 Wichtige Mitteilungen an den Vermieter

1.2 Sich um eine Wohnung bewerben

Kontakt zum Vermieter aufnehmen

Die Wohnungssuche war erfolgreich. Der nächste Schritt heißt Wohnungsbesichtigung. Sie ist ein wichtiger Bestandteil der Wohnungssuche.

Nur dadurch kann festgestellt werden, ob die Wohnung tatsächlich den Vorstellungen entspricht.

In der Mietanzeige wird meist eine Telefonnummer, eine **Chiffre** oder eine Mailadresse angeführt 1 .

Darüber kann mit dem Vermieter Kontakt aufgenommen werden. Je nachdem wird:

- der Vermieter angerufen,
- dem Vermieter ein Brief geschrieben,
- dem Vermieter eine Mail geschickt.

Der Vermieter benötigt Informationen über den Mietinteressenten. Im Vorfeld der Kontaktaufnahme muss deshalb klar sein, was ihm mitgeteilt werden muss 2 .

Telefonate mit fremden Personen fallen leichter, wenn:

- überlegt und notiert wird, was der Telefonpartner antworten oder fragen könnte, und
- Informationen aufgeschrieben werden.

AUFGABE

1. Benennen Sie Vor- und Nachteile der schriftlichen und telefonischen Kontaktaufnahme zum Vermieter. Notieren Sie Ihre Ergebnisse in einer Tabelle.

2. Suchen Sie sich einen Partner, der den Vermieter darstellt. Führen Sie das Telefongespräch zu Anzeige 1 in 1 . Tauschen Sie danach die Rollen.

Sich um eine Wohnung bewerben

3 Briefvorlage

① Max Mustermann   (Zeile 5)
Fliederweg 3
54321 Orthausen

② Orthausen, 23.04.20..

③ Herrn   (Zeile 16)
Fritz Bach
Hamburger Straße 12
12345 Berlin

④ **Interesse an Wohnung : Berlin, Sandstraße 5**   (Zeile 24)

⑤ Sehr geehrter Herr Bach,

⑥ mit Interesse habe ich Ihre Wohnungsanzeige im „Berliner Kurier" vom 22.03.20.. gelesen. Ich würde gern die Möglichkeit nutzen, mich vor Ort genauer über die Wohnung zu informieren.
Bitte teilen Sie mir mit, wann ich die Wohnung besichtigen kann.

In der Woche wäre ein Termin nach 17:00 Uhr möglich.
Am Wochenende bin ich nicht an eine bestimmte Zeit gebunden.

Ich freue mich, bald von Ihnen zu hören, und bedanke mich im Voraus.

⑦ Mit freundlichen Grüßen

⑧ *Max Mustermann*

⑨ Anlagen

4 Legende

① Adresse des Absenders
② Ort und Datum
③ Adresse des Empfängers
④ Betreffzeile – Anlass des Briefes in Kurzform
⑤ Anredeformel
⑥ Text – sinnvoll gegliedert
⑦ Grußformel
⑧ handschriftliche Unterschrift
⑨ Anlagen
. Leerzeilen

Ein Brief an den Vermieter muss nach den Regeln eines privaten Geschäftsbriefes – **DIN** 5008 – gestaltet werden.

Wird der Brief als E-Mail verschickt, gelten die gleichen Vorschriften wie beim Brief.

> Das Einhalten der Briefform und ein fehlerfreies Schreiben erhöhen die Chancen auf einen Mietabschluss.

AUFGABE

3. Formulieren Sie einen Brief an den Vermieter folgender Anzeige:

Frei ab Sept. 1 Zi im DG, NR, DB, ca. 30 m², WM 210 €, KT 2MKM
Herr Decker, Am Stadtpark 27, 12345 Musterhausen

Orientieren Sie sich an der Briefvorlage **3** auf dieser Seite.

Sich um eine Wohnung bewerben

1 Wohnungsbesichtigung

2 Checkliste

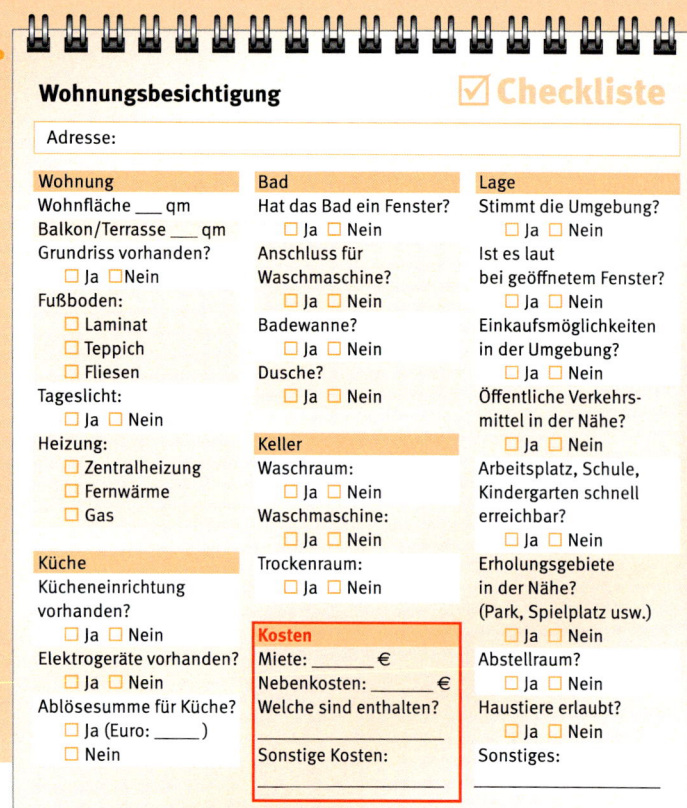

Die Wohnung besichtigen

Zwischen Vermieter und Mietinteressent wird ein Termin zur Wohnungsbesichtigung 1 vereinbart. Meist gibt es bei solchen Besichtigungen mehrere Interessenten.

Da heißt es für jeden, einen guten Eindruck zu hinterlassen. Die äußere Erscheinung und gute Umgangsformen entscheiden oft über die Wohnungsvergabe.

Bei einer Wohnungsbesichtigung müssen in kurzer Zeit viele Dinge Beachtung finden. Leicht kann eine Kleinigkeit übersehen werden, die sich später als lästiges Problem entpuppt. Deshalb ist eine gute Vorbereitung unerlässlich.

Bewährt haben sich Checklisten 2 für die Wohnungsbesichtigung. Das Internet bietet eine Vielzahl unterschiedlicher Checklisten an. Beim Erstellen einer eigenen Checkliste können Freunde, Verwandte, Bekannte, Betreuer und Sozialpädagogen helfen.

AUFGABE

1. Welche Kleidung würden Sie für die erste Begegnung mit dem Vermieter auswählen? Begründen Sie Ihre Entscheidung.

2. a) Recherchieren Sie im Internet nach Checklisten für die Wohnungsbesichtigung.

b) Vergleichen Sie zwei der gefundenen Listen mit 2 .

c) Notieren Sie zehn gemeinsame Punkte und tragen Sie diese in eine Tabelle ein (2 Spalten).

3. Begründen Sie, warum die zehn herausgefundenen Punkte beachtet werden sollten.

a) Tragen Sie Ihre Überlegungen in die zweite Spalte der angefertigten Tabelle von 2 c) ein.

b) Vergleichen und diskutieren Sie Ihre Ergebnisse in der Klasse.

Sich um eine Wohnung bewerben

Checkliste

Gesprächsführung

- ☑ immer freundlich und höflich sein
- ☑ in vollständigen Sätzen reden
- ☑ deutlich sprechen
- ☑ auf den Redefluss achten
- ☑ den Gesprächspartner ausreden lassen
- ☑ den Gesprächspartner ansehen

3 Gespräch mit dem Vermieter

4 Regeln der Gesprächsführung

Das Gespräch mit dem Vermieter führen

Bei der Wohnungsbesichtigung erhält der Vermieter einen ersten Eindruck vom Mietinteressenten. Der sollte positiv ausfallen. Dann kann auch die letzte Hürde auf dem Weg zum ersten Mietvertrag genommen werden – das Gespräch mit dem Vermieter 3 .

Auch hier gilt: Nur wer sich auf das Gespräch gut vorbereitet hat, kann auch überzeugen.

Der angehende Mieter ist bestens vorbereitet, wenn er sich die noch unbeantworteten Fragen an den Vermieter notiert.
Die Fragen können folgende Inhalte haben:

- genaue Größe der Wohnung,
- genaue Kosten – Miete – Nebenkosten,
- Bezugstermin,
- Hausordnung (z. B. Haustiere) …

> Offen gebliebene Fragen an den Vermieter sollten schriftlich festgehalten werden.

AUFGABE

4. a) Überlegen Sie, welche Fragen der Vermieter noch stellen könnte.

b) Formulieren Sie aus allen Punkten Fragesätze und schreiben Sie diese auf.

c) Notieren Sie mögliche Antworten.

d) Üben Sie das Gespräch mit einem Partner unter Einbeziehung der Regeln zur Gesprächsführung 4 .

Auch der Vermieter hat ein berechtigtes Interesse an Informationen über den Mieter. Da heißt es im Vorfeld zu überlegen, was der Vermieter fragen könnte. Die Fragen des Vermieters können folgende Inhalte haben:

- Familienstand,
- Beruf/Ausbildung,
- Raucher/Nichtraucher,
- Haustiere …

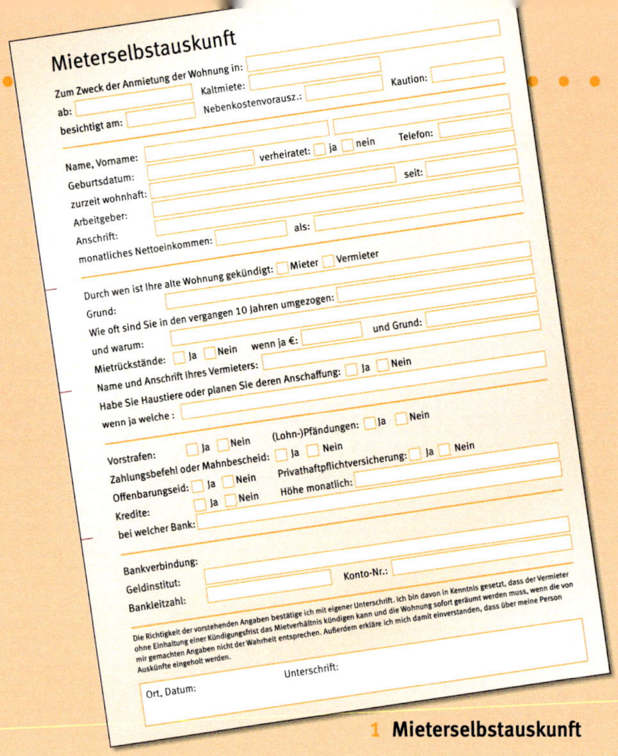

Mieterselbstauskunft

Zum Zweck der Anmietung der Wohnung in:
ab: | Kaltmiete: | Kaution:
besichtigt am: | Nebenkostenvorausz.:

Name, Vorname: | verheiratet: ☐ ja ☐ nein | Telefon:
Geburtsdatum:
zurzeit wohnhaft: | seit:
Arbeitgeber:
Anschrift:
monatliches Nettoeinkommen: | als:

Durch wen ist Ihre alte Wohnung gekündigt: ☐ Mieter ☐ Vermieter
Grund:
Wie oft sind Sie in den vergangen 10 Jahren umgezogen:
und warum: | und Grund:
Mietrückstände: ☐ Ja ☐ Nein | wenn ja €:
Name und Anschrift Ihres Vermieters:
Habe Sie Haustiere oder planen Sie deren Anschaffung: ☐ Ja ☐ Nein
wenn ja welche :

Vorstrafen: ☐ Ja ☐ Nein | (Lohn-)Pfändungen: ☐ Ja ☐ Nein
Zahlungsbefehl oder Mahnbescheid: ☐ Ja ☐ Nein | Privathaftpflichtversicherung: ☐ Ja ☐ Nein
Offenbarungseid: ☐ Ja ☐ Nein | Höhe monatlich:
Kredite: ☐ Ja ☐ Nein
bei welcher Bank:

Bankverbindung:
Geldinstitut: | Konto-Nr.:
Bankleitzahl:

Die Richtigkeit der vorstehenden Angaben bestätige ich mit eigener Unterschrift. Ich bin davon in Kenntnis gesetzt, dass der Vermieter ohne Einhaltung einer Kündigungsfrist das Mietverhältnis kündigen kann und die Wohnung sofort geräumt werden muss, wenn die von mir gemachten Angaben nicht der Wahrheit entsprechen. Außerdem erkläre ich mich damit einverstanden, dass über meine Person Auskünfte eingeholt werden.

Ort, Datum: | Unterschrift:

1 **Mieterselbstauskunft**

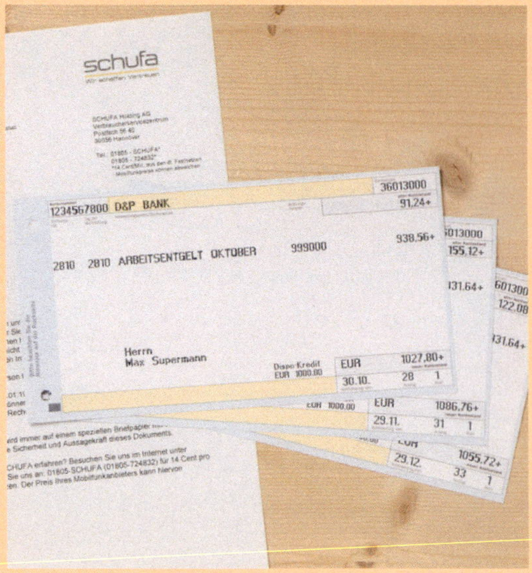

2 **Nachweise für den Vermieter**

Oft kann der Vermieter zwischen mehreren Mietinteressenten wählen. Er möchte seine Wohnung an eine vertrauenswürdige Person übergeben. Deshalb verlangt er Auskunft zur Person.

Meist wird möglichen neuen Mietern eine Mieterselbstauskunft 1 vorgelegt.

Vor allem möchte der Vermieter wissen, ob der Mieter über regelmäßige Einkünfte verfügt oder Schulden hat.
Er kann folgende Nachweise vom Mieter fordern:

- Kontoauszüge der letzten drei Monate,
- Auskunft der SCHUFA 2.

Bei der SCHUFA muss zu diesem Zweck vom Mieter eine **Verbraucherauskunft** oder eine **Eigenauskunft** beantragt werden. Nach Erhalt gibt er diese dann an den Vermieter weiter.

! Die Auskunft bei der SCHUFA ist einmal im Jahr kostenlos.

Die SCHUFA

gibt Informationen über	**gibt keine** Informationen über
✓ Name	⊖ Vermögen
✓ Vorname	⊖ Einkommen
✓ Adresse	⊖ Kaufverhalten
✓ Geburtsname	⊖ Beruf
✓ Geburtsort	⊖ Religion
✓ Konten	⊖ Mitgliedschaften
✓ Kredite	⊖ Familienstand
✓ Verträge	

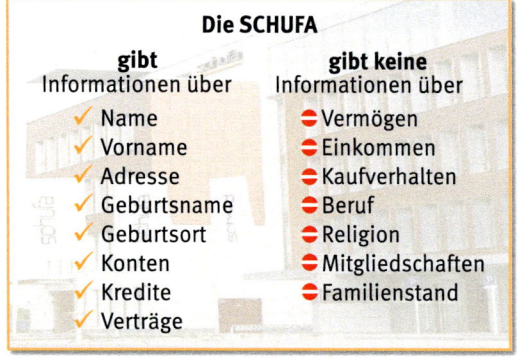

3 **SCHUFA-Informationen**

In Einzelfällen wird vom Vermieter auch ein Führungszeugnis verlangt.

AUFGABE

1. Informieren Sie sich über das Führungszeugnis. Klären Sie den Begriff.
2. Finden Sie heraus, wo ein Führungszeugnis beantragt werden kann. Halten Sie Ihre Ergebnisse schriftlich fest.

Sich um eine Wohnung bewerben

4 Schimmel an Wänden   5 Defekte Sanitäranlage   6 Wohnungsübergabeprotokoll

Das Übergabeprotokoll anfertigen

Der Vermieter hat sich entschieden. Gemeinsam mit ihm oder einem Beauftragten (z. B. dem Hausverwalter) wird die Wohnung ein weiteres Mal besichtigt.

Dabei sollte die Wohnung auf ihren genauen Zustand hin geprüft werden. Auch hier hilft eine Checkliste. Punkt für Punkt wird bei der Besichtigung der Wohnung abgearbeitet.

Vorhandene Mängel der Wohnung z.B. Schimmel 4 oder defekte Sanitäranlagen 5 werden notiert und möglichst fotografiert 7 .

7 Aufnahme von Mängeln mit dem Handy

| Ergebnis der Wohnungsbesichtigung sollte immer ein schriftliches Wohnungsübergabeprotokoll 6 sein.

Das Wohnungsübergabeprotokoll wird vom Vermieter und dem zukünftigen Mieter unterschrieben.

Zu jeder Wohnungsbesichtigung sollte unbedingt eine Person des Vertrauens mitgenommen werden. Dafür gibt es zwei gute Gründe:

- vier Augen sehen mehr als zwei,
- im Ernstfall gibt es einen Zeugen.

| Eine gründlich vorbereitete zweite Wohnungsbesichtigung erspart Ärger, Zeit und Geld.

AUFGABE

3. Überlegen Sie, wen Sie zu einer Wohnungsbesichtigung mitnehmen würden.
Begründen Sie Ihre Entscheidung.

1 Beim Lesen des Vertrages   2 Bei einer Beratung

1.3 Die Wohnung mieten

Den Mietvertrag unterschreiben

Mit der Unterschrift unter den Mietvertrag gehen Mieter und Vermieter Verpflichtungen ein. Auch ihre Rechte sind hier geregelt. Verträge müssen eingehalten werden. Deshalb nie vergessen:

> Vor der Unterzeichnung muss der Mietvertrag gründlich gelesen 1 und auch verstanden werden.

Oft wird der Vertrag schon vor Unterzeichnung zur Verfügung gestellt. Diese Zeit sollte unbedingt für eine Beratung genutzt werden 2 .

AUFGABE

1. Überlegen Sie, wen Sie um Hilfe bei der Prüfung eines Mietvertrages bitten können.

Die wichtigsten Punkte, die mindestens in einem Mietvertrag enthalten sein sollten, sind:

- wer ist Mieter und wer Vermieter,
- die vermietete Wohnung,
- der Beginn des Mietverhältnisses,
- die Höhe der Miete.

Darüber hinaus gibt es noch weitere Punkte, die schriftlich verankert sein sollten:

- eventuelle Mietkaution,
- Bestandteile des Mietobjekts und deren Nutzung (z. B. Keller, Wäscheplatz …),
- Schönheitsreparaturen, Hausreinigung, Straßenreinigung, Winterdienst,
- Regelungen zur Kündigung,
- Abrechnung der Betriebskosten,
- eventuelle Laufzeit des Vertrages,
- Hausordnung,
- Übergabeprotokoll.

> Vor der Unterzeichnung 3 muss der Mietvertrag auf die wichtigsten Punkte hin geprüft werden.

Die Wohnung mieten

> **+** In Ausnahmefällen kann der Mieter einen befristeten Mietvertrag vorzeitig beenden.

3 Den Mietvertrag unterschreiben

Die Mietverträge werden eingeteilt in:

- befristete Mietverträge und
- unbefristete Mietverträge.

Bei befristeten Mietverträgen steht der Mietzeitraum fest. Beginn und Ende der Mietzeit werden vertraglich festgelegt. Danach muss der Mieter ausziehen oder den Mietvertrag verlängern.

Er kann auch nicht vor Ablauf der Mietzeit kündigen. Das ist für den Mieter oft ein großer Nachteil.

Günstiger für den Mieter sind unbefristete Mietverträge. Hier müssen die gesetzlich festgelegten Kündigungsfristen für Mieter und Vermieter beachtet werden.

Besondere Regelungen gelten für die fristlose Kündigung durch den Vermieter. Auch sie sind im Mietvertrag niedergeschrieben.

AUFGABE

2. Informieren Sie sich im Internet über die möglichen Kündigungsgründe bei einem befristeten Mietvertrag.

3. Informieren Sie sich über Kündigungsfristen für Mieter und Vermieter bei einem unbefristeten Mietvertrag.

Füllen Sie die Tabelle aus.

	Fristen	Gründe
Mieter	?	?
Vermieter	?	?
Fristlose Kündigung durch Vermieter	?	?

Die Wohnung mieten

Zählerstände notieren!
Kugelschreiber und Block mitnehmen!

1 Zählerstände ablesen

2 Schlüsselübergabe

AUFGABE

1. Begründen Sie die Notwendigkeit eines Übergabeprotokolls.

AUFGABE

2. Ein Mieter zahlt nach Abschluss des Mietvertrages eine Kaution in Höhe von 630 €. Der Vermieter legt die Summe zu einem Zinssatz von 3,0 % an.

a) Errechnen Sie die Zinsen für ein Jahr.

b) Wie viel Zinsen sind nach drei Jahren fällig?

Ein freiwilliger, aber sehr sinnvoller Bestandteil des Mietvertrages ist das Wohnungsübergabeprotokoll. Es wurde bereits bei der Wohnungsbesichtigung angefertigt.

Darin werden unter anderem alle eventuellen Mängel der Wohnung aufgelistet.

Außerdem werden:

- die Zählerstände von Gas, Wasser und Strom notiert 1 und
- die Anzahl der ausgehändigten Schlüssel festgehalten 2 .

Das Protokoll sollte immer in zweifacher Ausführung vorliegen. Davon erhalten der Vermieter und der Mieter je eine Ausfertigung.

Bei Abschluss des Mietvertrages wird häufig eine Mietkaution verlangt. Sie dient dem Vermieter als Absicherung, wenn der Mieter:

- Schäden in der Wohnung verursacht,
- seinen Mietzahlungen nicht nachkommt.

Die Kaution darf maximal drei Monatskaltmieten betragen. Der Mieter kann die Kaution auf einmal oder in drei gleichen Monatsraten bezahlen. Der Vermieter ist verpflichtet, die Kaution:

- Zins bringend in einer Spareinlage mit dreimonatiger Kündigungsfrist anzulegen,
- bei Auszug des Mieters samt angefallener Zinsen zurückzuzahlen.

> **Das Wohnungsübergabeprotokoll muss wie auch der Mietvertrag an einem sicheren Ort aufbewahrt werden.**

Die Wohnung mieten

```
Eigener Name
Adresse

Adresse des Vermieters

Einzugsermächtigung

Ich ermächtige Sie widerruflich, die von mir zu zahlenden Beiträge
für die Miete bei Fälligkeit zu Lasten meines Kontos mittels Lastschrift einzuziehen.

IBAN (Konto-Nummer): ................    BIC (BLZ): ....................

Kontoführendes Geldinstitut:  ...........................................

Diese Ermächtigung gilt vom:  ...................

..............................
Datum und Unterschrift
```

3 Muster einer Einzugsermächtigung

Die Miete bezahlen

Die Höhe der zu zahlenden Miete ist bekannt. Wie aber soll sie am besten an den Vermieter gezahlt werden? Dazu bieten sich drei Möglichkeiten an:

- die Einzugsermächtigung,
- die monatliche Überweisung,
- der Dauerauftrag.

Bei der Einzugsermächtigung erteilt der Zahlungspflichtige (Mieter) dem Zahlungsempfänger (Vermieter) eine Erlaubnis, einen bestimmten Betrag von seinem Konto einzuziehen. Das ist in diesem Fall die monatliche Miete.

Die Einzugsermächtigung wird schriftlich erteilt **3** durch Übermittlung folgender Daten:

- Name,
- IBAN (Kontonummer),
- BIC (Bankleitzahl),
- Geldinstitut.

Die Einzugsermächtigung kann auf dem Schriftweg auch wieder entzogen werden. Zu viel gezahlte Beträge können kostenlos durch einen Widerspruch beim kontoführenden Geldinstitut zurückgefordert werden.

> Kontoauszüge regelmäßig kontrollieren. Nur dadurch fallen Zahlungsunregelmäßigkeiten auf.

4 Der Weg der Einzugsermächtigung

Die Wohnung mieten

1 Überweisungsformular

① Name des Empfängers (Vermieter)
② IBAN (intern. Kontonummer)
③ BIC (intern. Bankleitzahl)
④ Höhe des Betrages (Miete)
⑤ Verwendungszweck
⑥ Name des Zahlers (Mieter)
⑦ IBAN (intern. Kontonummer) des Zahlers (Mieter)
⑧ Datum
⑨ Unterschrift des Zahlers (Mieter)

2 Legende

AUFGABE

1. Sie müssen die Miete in Höhe von 220 € überweisen.

Füllen Sie ein Überweisungsformular mit folgenden Daten aus:

Wohnbau GmbH Ort
IBAN: DE 0116050000782348935
BIC: KBNKDEOT
Geldinstitut: Kohlebank
Verwendungszweck:
Miete Wohnung

Wer keine Einzugsermächtigung erteilen will, kann die Miete auch monatlich per Überweisung entrichten.

Dabei wird der fällige Betrag bargeldlos vom eigenen Konto auf das Konto des Zahlungsempfängers übertragen.

Der Zahlungspflichtige kann dazu ein Überweisungsformular **1** ausfüllen und in seinem Geldinstitut abgeben. Hierbei entstehen für den Überweiser Kosten.

Kostenlos ist der Vorgang, wenn das Formular am Bankterminal ausgefüllt wird oder am Computer per Internetbanking.

Die Überweisung birgt einen Nachteil. Der Zahlungspflichtige muss die Überweisung selbst tätigen – und das jeden Monat wieder. Da kann schon mal ein Termin vergessen werden. Die Folge ist: Zahlungsrückstände laufen auf.

3 Der Weg der Überweisung

Die Wohnung mieten

4 Bankterminal mit Einrichtung eines Dauerauftrages

AUFGABE

2. Vergleichen Sie die drei Zahlungsmöglichkeiten.

Notieren Sie die Vor- und Nachteile in einer Tabelle. Für welche Variante würden Sie sich entscheiden?

Eine weitere Möglichkeit, die Miete zu zahlen, bietet der Dauerauftrag 4.
Das eigene Geldinstitut wird beauftragt, die Miete zu festgelegten Terminen und für einen bestimmten Zeitraum auf das Konto des Vermieters zu überweisen.

Überwiesene Beträge können bei dieser Zahlungsart nicht zurückgebucht werden.

Jeder, der in einer eigenen Wohnung lebt und sie finanziert, sollte unbedingt folgenden Rat beherzigen:

Die monatlich anfallende Miete sollte immer zuerst bezahlt werden.

Wird die Miete nicht regelmäßig gezahlt, kündigt der Vermieter den Mietvertrag. Die Kündigung kann vermieden werden, wenn:

- dem Vermieter in einem persönlichen Gespräch die Situation erklären wird,
- ein neuer Zahlungstermin vereinbart wird,
- bei Jobverlust beim zuständigen Amt ein Antrag auf Mietübernahme gestellt wird.

AUFGABE

3. Diskutieren Sie in der Klasse darüber, wie ein Zahlungsverzug vermieden werden kann.

5 Der Weg des Dauerauftrags

ZUSAMMENFASSUNG

Der Weg zur eigenen Wohnung

Was muss getan und beachtet werden?

Die Wohnungssuche

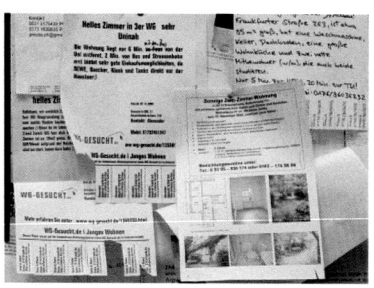

- Wohnideen entwickeln
- verschiedene Wohnformen prüfen
- Möglichkeiten der Wohnungssuche nutzen
- eine Auswahl treffen

Die Wohnungsbewerbung

- den Vermieter kontaktieren
- eine Wohnung besichtigen
- ein Vermietergespräch führen
- ein Übergabeprotokoll anfertigen

Die Wohnung mieten

- den Mietvertrag gründlich lesen und verstehen
- sich beraten lassen
- ein Übergabeprotokoll in doppelter Ausführung anfertigen
- den Mietvertrag unterschreiben
- sich über Zahlungsarten für die Miete informieren
- sich für eine Möglichkeit entscheiden

Die ersten Schritte   2

2.1 Die Renovierung planen

Gut durchdacht ist halb gewonnen!

2.2 Materialbedarf ermitteln

Darf's noch etwas mehr sein?

2.3 Die Wohnung renovieren

Arbeiten wie ein Malerprofi. So geht's!

Die Renovierung planen

1 Wände zum Tapezieren vorbereitet

2 Genaues Messen der Räume

2.1 Die Renovierung planen

Heute werden Wohnungen vom Vermieter unterschiedlich übergeben. Meist sind die Wände zum Tapezieren vorbereitet 1 .

Häufig sind sie mit Raufaser tapeziert und weiß gestrichen.

Wem das nicht gefällt, der muss aktiv werden.

Oft kann der Schlüssel für die neue Wohnung bereits vor dem Umzug vom Vermieter abgeholt werden. So können schon alle notwendigen Tätigkeiten vor dem Umzug geplant und ausgeführt werden:

- Materialien und Werkzeuge besorgen,
- Hilfe und Unterstützung für knifflige Arbeiten organisieren,
- Farbkonzept entwickeln,
- Maler- und Tapezierarbeiten ausführen,
- die Wohnung einrichten,
- Gestaltungsideen sammeln und umsetzen.

Die Wohnung ausmessen

Wie soll die neue Wohnung später aussehen? Wie viel Tapete und Farbe müssen gekauft werden?

Grundlage für die Berechnung aller Materialmengen ist das genaue Ausmessen aller Räume 2 . Von der Wohnung wird vor dem Ausmessen eine Skizze angefertigt. In diese sind die gemessenen Werte einzutragen. Messwerkzeuge sind der Gliedermaßstab und das Bandmaß.

> Alle Wandlängen und -höhen, Fenster- und Türöffnungen müssen gemessen werden.

Auch bei scheinbar parallelen Wänden sind Unterschiede von mehreren Zentimetern möglich. Das Messergebnis wird genauer, wenn eine zweite Person hilft.

> Die gemessenen Längen werden in Meter angegeben.

Die Renovierung planen

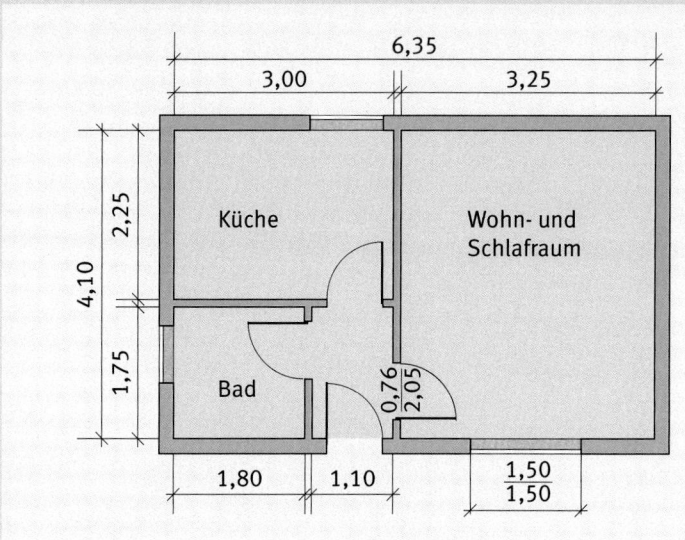

Maßstab 1:100

Zimmerhöhe: 2,60 m

Zum besseren Verständnis sind alle Maße der Zeichnung in Meter angegeben.

4 **Legende**

3 **Grundriss einer Einzimmerwohnung mit Bemaßung**

Einen Grundriss zeichnen

Die vollständig beschriftete Skizze liegt nun vor. Sie dient als Grundlage für das Anfertigen des Grundrisses 3 .

> Der Grundriss ist die maßstabsgetreue, zeichnerische Darstellung einer Wohnung oder eines Zimmers als Draufsicht.

1 cm im Grundriss gezeichnet entsprechen 100 cm in der Wirklichkeit. Dieses Verhältnis heißt 1:100 und wird als Maßstab bezeichnet.

> Der Maßstab ist das Verhältnis von dargestellter Größe zur wirklichen Größe.

Arbeitsschritte für das Zeichnen eines Grundrisses sind:

1. Zeichnungsmaß für alle Raumlängen berechnen

Zeichnungsmaß = Originalmaß : Maßzahl

z. B.: Zeichnungsmaß = 3,00 m : 100
Zeichnungsmaß = 0,03 m = 3,00 cm

2. Grundriss mit den errechneten Zeichnungsmaßen zeichnen

3. Grundriss bemaßen – Originalmaße eintragen

AUFGABE

1. a) Messen Sie die Breite und Länge Ihres Unterrichtsraumes.

b) Ermitteln Sie die Breite der Fenster und Türen und deren Entfernung zur nächstgelegenen Wandecke.

c) Rechnen Sie alle Messwerte im Maßstab 1:100 um.

d) Fertigen Sie einen Grundriss Ihres Unterrichtsraumes im Maßstab von 1:100 auf einem DIN-A4-Blatt an.

Tab. 1: Beispiele für Farbwirkungen

Farbwirkung, Stimmung	Assoziation	Farbtonbereich
lebhaft, heiter, jung, anregend, strahlend	Sonne, Sommer	gelb
lebendig, mitteilsam, belebend, erwärmend	Energie, Wärme	orange
aktivierend, mächtig, kraftvoll, erotisch	Liebe, Feuer	rot
beruhigend, frisch, sauber	Eis, Wasser, Kälte	blau
natürlich, beruhigend, frisch, friedlich	Frühling, Hoffnung	grün
steril, zeitlos, schwebend, feierlich	Kälte, Reinheit	weiß
vornehm, unauffällig, seriös, zeitlos	Neutralität, Würde	grau
ernst, traurig, negativ, schwer, seriös	Nacht, Trauer	schwarz

Ein Farbkonzept erstellen

Welche Farbtöne die eigene Wohnung gestalten, entscheidet jeder selbst.

Farben rufen verschiedene Wirkungen und **Assoziationen** hervor (Tab. 1).
Sie beeinflussen das Denken, Fühlen und Handeln. Farben entscheiden mit darüber, ob man sich in seiner Wohnung wohlfühlt.

Lust auf Farbe reicht jedoch allein nicht aus.

Ein Farbkonzept stimmt vorhandene Wandfarben, Einrichtungsgegenstände und Dekorationsmittel aufeinander ab. Es wird meist von Lieblingsfarben und modischen Trends beeinflusst.

Modefarben sprechen viele Leute an. Sie sind jedoch sehr kurzlebig, sodass:

- nach kurzer Zeit wieder renoviert oder
- lange Zeit mit diese Modefarbe ausgehalten werden muss.

Das Lösen nachfolgender Aufgaben kann eine Entscheidungshilfe für die Farbauswahl sein:

AUFGABE

1. a) Nennen Sie die Funktion eines Raumes Ihrer Wahl.

b) Welche Farbwirkung möchten Sie in diesem Zimmer erreichen?

c) Welche Farbassoziationen verbinden Sie mit dieser Stimmung?

2. In welchem Farbtonbereich würden Sie den Raum gestalten (Tab. 1)?

Begründen Sie Ihre Entscheidung.

3. Welchen Farbton wählen Sie nun aus Ihrem Farbtonbereich aus?

> Ein Farbtonbereich umfasst viele Farbtöne einer bestimmten Farbe, z. B. Purpur, Rosa, Kaminrot für den Bereich Rot.

Die Renovierung planen

1 Verschiedene Raumwirkungen

Die Auswahl und die Anordnung der Farbtöne beeinflussen die Wirkung eines Raumes 1 erheblich:

Durch eine weiße oder ganz helle Decke wirkt der Raum höher, durch einen dunklen Anstrich der Decke wirkt der Raum niedriger.

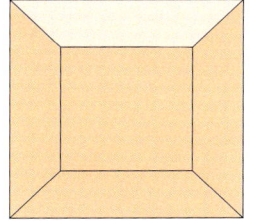 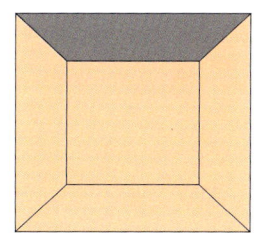

Eine dunkle Rückwand kann sehr nahe wirken, durch einen hellen Anstrich wirkt die Rückwand fern.

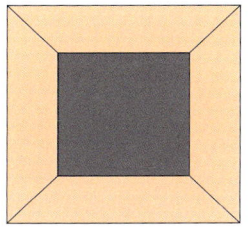 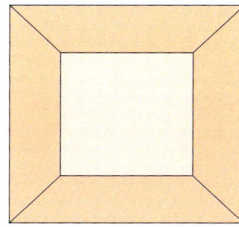

Sehr helle Wände erweitern einen Raum. Er wirkt flächenmäßig größer. Durch dunkle Seitenwände wirkt der Raum schmaler.

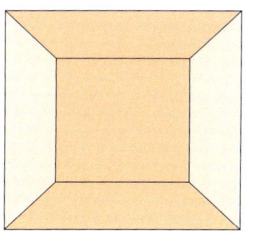 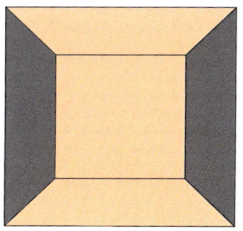

Helle Wand- und Deckenfarben erweitern einen Raum, durch dunkle Boden- und Deckenflächen wirkt ein Raum niedriger.

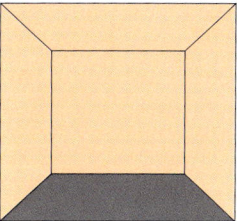 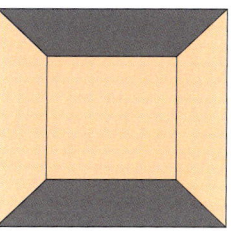

❗ Unterschiedliche Helligkeitsstufen sind durch Mischen mit Weiß möglich.

Materialbedarf ermitteln

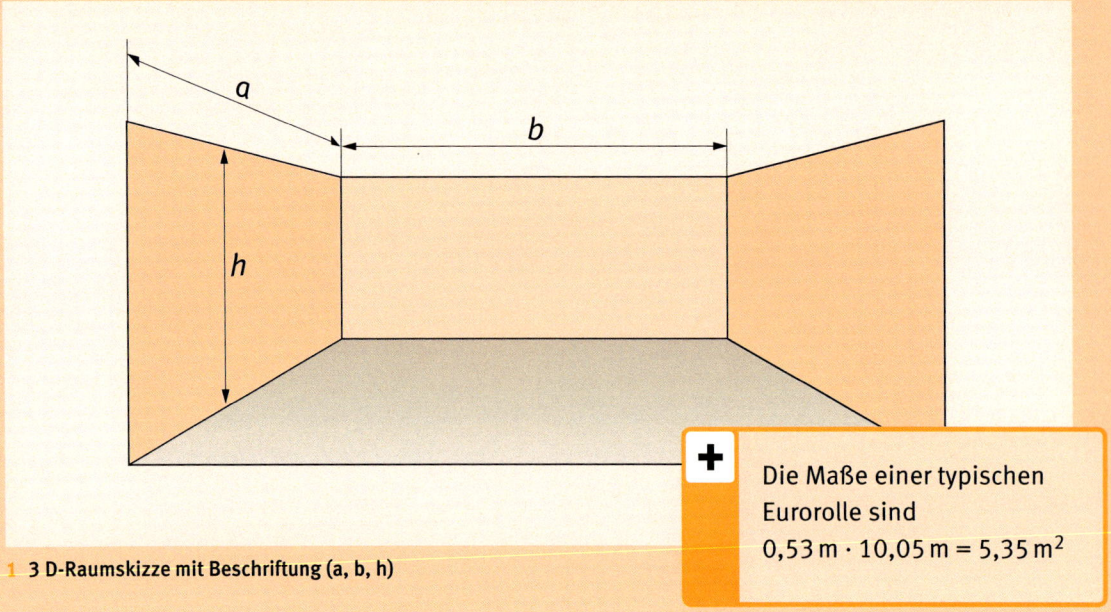

1 3 D-Raumskizze mit Beschriftung (a, b, h)

> **+** Die Maße einer typischen Eurorolle sind
> 0,53 m · 10,05 m = 5,35 m²

2.2 Materialbedarf ermitteln

Den Tapetenbedarf ermitteln

Aus dem Farbkonzept ist zu erkennen, welche Wände farblich gestaltet werden sollen. Dazu muss die Tapete unbeschädigt sein und fest an der Wand kleben. Ist das nicht so, muss neu tapeziert werden. Die Maße im Grundriss bilden die Grundlage zum Berechnen des Tapetenbedarfes **1**. Zunächst wird die zu tapezierende Wandfläche A_W ermittelt:

A_W = Wandfläche
  = Raumumfang · Raumhöhe
A_W = 2 · (a + b) · h

> **AUFGABE**
> 1. Berechnen Sie die Fläche A_W für einen Raum mit folgenden Maßen:
> Länge (a) = 3,00 m
> Breite (b) = 2,40 m
> Höhe (h) = 2,60 m

Aus der Fläche A_W lässt sich nun mit folgender Faustformel der Rollenbedarf ermitteln:

Rollenzahl = $A_{Wand} : A_{Tapete}$

Z. B.: A_{Wand} = 40,00 m²
  A_{Tapete} = 5,35 m²

Rollenzahl = $A_{Wand} : A_{Tapete}$
  = 40 m² : 5,35 m² = 7,48 Rollen

Der errechnete und aufgerundete Wert ergibt die Anzahl der Tapetenrollen.

> **AUFGABE**
> 2. Begründen Sie, warum das Ergebnis der Rollenberechnung nicht abgerundet werden darf.
>
> 3. Ermitteln Sie die Rollenzahl durch Runden.
> 7,24 ≈ ? Rollen
> 1,69 ≈ ? Rollen
> 8,35 ≈ ? Rollen

Materialbedarf ermitteln

2 Gebindearten und -größen mit Beispielpreisen

+ Welche Gebindegröße müssen Sie kaufen, um Kosten zu sparen?

Farbbedarf ermitteln

Nach dem Tapezieren mit Raufasertapete muss gestrichen werden. Dazu eignen sich besonders **Dispersionsfarben**. Für Türen und Heizkörper werden Lackfarben verwendet.

Vor dem Anstrich stellt sich die Frage nach der notwendigen Farbmenge. Diese ergibt sich aus:

Farbmenge = A_W · Verbrauchsmenge

Fenster- und Türflächen größer als 2,50 m² werden von der Gesamtfläche A_W abgezogen.

> Im Allgemeinen werden Fenster- und Türflächen nicht berücksichtigt.

Die Verbrauchsmenge von Farben und Lacken ist auf den Gebinden angegeben 2 .
Farben und Lacke gibt es in unterschiedlichen Gebindegrößen.
Nach dem Errechnen des Farbbedarfs kann das geeignete Gebinde ausgesucht werden.

AUFGABE

4. In welchen Maßeinheiten können die Verbrauchsmengen angegeben werden? Zählen Sie die Maßeinheiten aus 1 auf.

5. a) Die Wände Ihres Unterrichtsraumes sollen einen Anstrich mit Dispersionsfarbe erhalten. Berechnen Sie die notwendige Farbmenge bei einer Verbrauchsmenge von 1 l für 6 m².

b) Zusätzlich soll auch die Deckenfläche gestrichen werden.
Wie viele Liter Farbe werden insgesamt benötigt?

6. Zum beidseitigen Streichen einer Doppeltür benötigen Sie 1925 ml Lack.

Entscheiden Sie sich für Anzahl und Größe der in 2 vorgegebenen Farbgebinde.

Materialbedarf ermitteln

1 Untergrund leicht sandend

2 Untergrund sandend

3 Untergrund stark sandend

Den Untergrund prüfen

Grundsätzlich sollten die zu tapezierenden Wände keine Untergrundmängel aufweisen.

Folgende Mängel kommen häufig vor:

- lose Putzstellen,
- leichte bis große Risse,
- sandender Untergrund,
- lose Tapeten an Ecken und Kanten.

Lose Putzstellen müssen abgeklopft, entstaubt, mit Spachtelmasse aufgefüllt und geglättet werden.

Risse werden ebenfalls mit **Spachtelmasse** geschlossen.

Bei der Ermittlung der notwendigen Menge an Spachtelmasse helfen die Herstellerangaben. Die Festigkeit des Untergrundes wird mit dem Klebebandtest 1 bis 3 geprüft. Sandet der Untergrund stark, muss er mit Grundierung gefestigt werden.

AUFGABE

1. Wählen Sie einen geputzten Untergrund ohne Farbe und Tapete.

a) Prüfen Sie die Festigkeit des Untergrundes mit einem Klebebandtest.

b) Vergleichen Sie das Ergebnis mit 1 bis 3 und entscheiden Sie, ob der Untergrund stark oder weniger stark sandet.

Diese wird je nach Gebrauchsanweisung verdünnt und auf den Untergrund aufgetragen. Nicht haftende Tapeten müssen vollständig entfernt werden. Danach sollte ebenfalls die Untergrundfestigkeit mit dem Klebebandtest geprüft werden.

Alle Schäden sind erkannt und beurteilt. Die sichtbaren Mängel aus dem Übergabeprotokoll sind ebenfalls berücksichtigt. Nun wird aufgelistet, welche Materialien für die Renovierung benötigt werden.

Materialbedarf ermitteln

Materialliste

__ Tüte/n Spachtelmasse	à 1,49 €
__ Liter Grundierung (50 m²/Kanister)	à 2,35 €
__ Rolle/n Raufasertapete (5,35 m²/Rolle)	à 3,99 €
__ Paket/e Tapetenkleister (15 m²/Paket)	à 7,89 €
__ Eimer Dispersionsfarbe (6 m²/Eimer)	à 9,99 €
__ Flasche/n Abtönfarbe	à 4,29 €

+ Der Baumarkt führt eine Werbeaktion durch. Bar zahlende Kunden erhalten einen Rabatt (Preisnachlass) von 3 %. Welchen Betrag können Sie sparen, wenn Sie dieses Angebot annehmen?

4 Materialliste mit Kosten

Die Materialkosten ermitteln

Alle notwendigen Arbeiten sind festgelegt. Klar ist, ob Spachtelmasse oder Grundierung benötigt werden. Auch Tapete, Tapetenkleister und Farbe müssen gekauft werden.

Von allen notwendigen Materialien wird eine Liste erstellt **4**.

Darin sollten auch die Mengenangaben enthalten sein.

Um beim Bezahlen keine Überraschung zu erleben, werden vorher die Preise verglichen.

Für die Ermittlung der Gesamtkosten wird jede Einzelposition mit dem Materialpreis multipliziert.

Anschließend werden alle Einzelkosten addiert, z. B.:

2 Rollen Tapete (à 7,78 €)	= 15,56 €
1 Tüte Kleister (à 3,39 €)	= 3,39 €
2,5 l Farbe (à 19,49 €)	= 19,49 €
	= 38,44 €

AUFGABE

2. Recherchieren Sie die Preise der Materialien **4** in einem Baumarkt und in einem Malerfachgeschäft.

Vergleichen Sie die Preise. Nutzen Sie dazu eine tabellarische Form.

AUFGABE

3. Erstellen Sie eine Materialliste für die Wände des Wohn- und Schlafraumes der Einzimmerwohnung von **1** Seite 29.

Der Untergrund muss in dieser Wohnung nur grundiert werden.

4. Ermitteln Sie die Gesamtkosten für das Material mithilfe der Preise aus der Materialliste **4**.

1 Walze
2 Streichbürste
3 Spachtel

Tab. 1: Untergrundmängel

Untergrundmängel	Merkmale
Feuchtigkeit	dunkle Flecken Wasserränder
Risse, Fugen	
Schimmel	dunkler Bewuchs
Ausblühungen	weiße Salzkristalle
mangelnde Oberflächenfestigkeit	Oberfläche ist sandig oder platzt ab
unterschiedliche Saugfähigkeit	Wasser zieht unterschiedlich in den Untergrund

2.3 Die Wohnung renovieren

Den Untergrund vorbereiten

Das Material für die Renovierung steht bereit. Endlich kann es mit der Arbeit losgehen. Folgende Arbeitsschritte sind notwendig:

- Vorbereitungsarbeiten ausführen,
- Raufasertapete tapezieren,
- Dispersionsfarbe streichen.

Zuerst werden alle losen Tapeten entfernt. Dazu ist die Tapetenoberfläche mit einer Walze 1 zu durchbohren. Mithilfe einer Streichbürste 2 wird die Tapete mit Wasser befeuchtet. Diesen Arbeitsschritt kann ein Wassersprüher oder Abdampfgerät erleichtern.

Der Kleister hinter der Tapete löst sich während der Weichzeit. Die Tapeten lassen sich dann gut durch einen Tapetenschaber oder Spachtel 3 entfernen.

! Werden die gelösten Tapeten gleich im Müllsack gesammelt, sind Rutschgefahr und Reinigungsbedarf geringer.

Jetzt geht es an die Beseitigung aller Untergrundmängel (Tab. 1).

Ursachen von Wasserflecken und Schimmel müssen von einem Fachmann entfernt werden.

Risse werden mit dem Spachtel ausgekratzt und geweitet, mit einer feuchten Bürste entstaubt und mit Spachtelmasse aufgefüllt.

Die Spachtelmasse muss angerührt werden. Dazu wird das Pulver in Wasser geschüttet und klumpenfrei verrührt. Beim Trocknen verliert jede Spachtelmasse Volumen, deshalb muss immer zweimal gespachtelt werden.

! Die Spachtelmasse sollte nur in kleinen Mengen angesetzt werden – sie wird schnell hart.

Die Wohnung renovieren

4 Putzstellen spachteln

5 Benetzungsprobe

Lose und nicht tragfähige Putzstellen werden abgespachtelt, angefeuchtet und zweimal mit Spachtelmasse ausgebessert 4 .

Großflächige Stellen werden mit einer Glättkelle gefüllt. So wird der Untergrund eben.

Untergründe können Flüssigkeiten – z. B. Tapetenkleister – unterschiedlich stark aufnehmen.

Die Saugfähigkeit der Untergründe in der eigenen Wohnung kann mit der Benetzungsprobe 5 geprüft werden. Dazu wird etwas Wasser auf den Untergrund gebürstet. Zieht es schnell in den Untergrund ein, muss grundiert werden.

Eine Grundierung wird auch durchgeführt bei:

- sandenden Untergründen,
- mit Spachtelmasse erneuerten Stellen.

! **Die Verarbeitungshinweise müssen beim Grundieren gelesen und beachtet werden.**

AUFGABE

Die Saugfähigkeit unterschiedlicher Materialien kann man in einem Experiment nachweisen:

1. a) Nehmen Sie drei gleichgroße Gefäße und füllen Sie diese mit der gleichen Menge Wasser.

b) Geben Sie einen Schwamm, ein Papiertuch und ein Stück Alufolie in je ein Gefäß. Beobachten Sie die Saugfähigkeit.

Dichtstoffe, wie Silikon oder Acryl, schließen Fugen zwischen unterschiedlichen Werkstoffen, z. B. zwischen:

- Fliesen und Kunststofffenster,
- Steinwand und Holzboden.

Der elastische Dichtstoff nimmt die Bewegungen zwischen den verschiedenen Werkstoffen auf.

Er wird mit einer Handdruckpistole aus der **Kartusche** in die Fugen gespritzt. Die Oberfläche wird mit Seifenwasser geglättet.

! **Nicht alle Dichtstoffe sind überstreichbar.**

Die Wohnung renovieren

1 Werkzeuge, Hilfsmittel für die Verarbeitung einer Raufasertapete

Raufasertapete verarbeiten

Tapezierwerkzeuge, Hilfsmittel 1 und Materialien 2 und 3 zusammenstellen

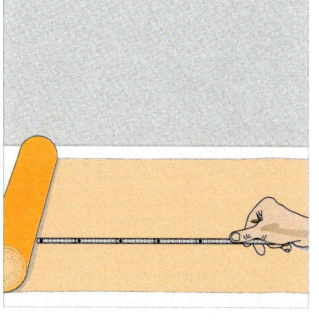

Tapetenbahnen abmessen, Länge = Wandhöhe + 10 cm

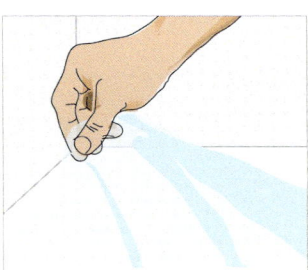

Fußboden mit Folie o. Ä. schützen

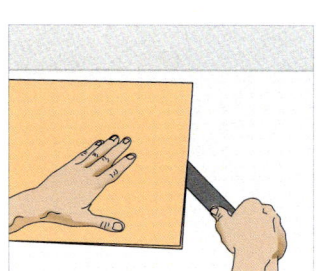

Tapete mit scharfer Metallkante trennen

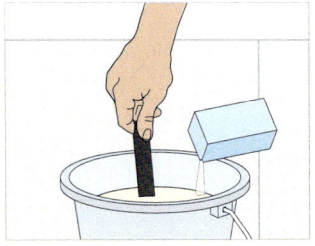

Tapetenkleister nach Verpackungsangabe ansetzen, Klumpenbildung vermeiden

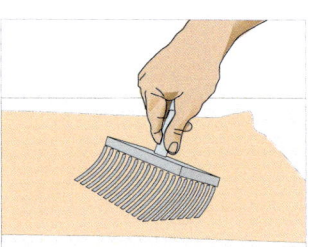

Bahnen gleichmäßig mit Kleister einstreichen (von der Mitte nach außen)

Die Wohnung renovieren

2 Raufasertapete

3 Tapetenkleister

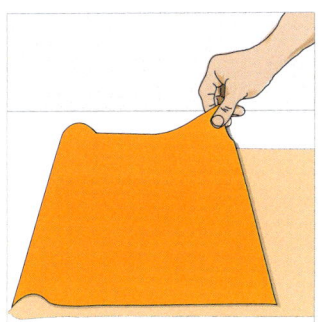

Bahnen zusammenlegen (²⁄₃ zu ¹⁄₃), Kanten genau übereinander legen

erste Bahn anlegen, anstreichen, Falten und Blasen nach außen ausstreichen

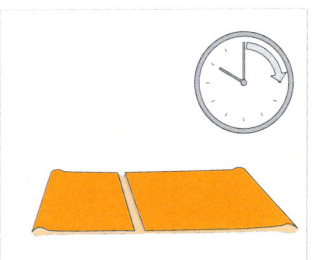

eingekleisterte Bahnen weichen lassen

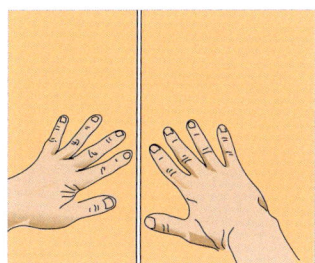

folgende Bahnen auf Stoß kleben

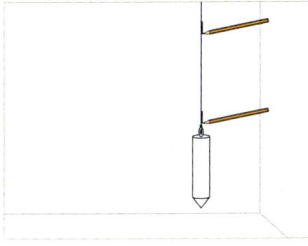

für die erste Bahn senkrechte Markierung an der Wand aufbringen, Senklot verwenden

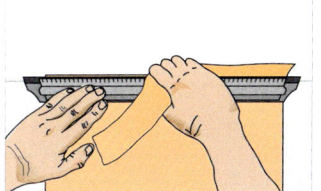

überstehende Tapetenbahnen an der Decke und Scheuerleiste kürzen

39

Die Wohnung renovieren

ZUGLUFT VERHINDERN
Frisch angebrachte Tapeten müssen langsam und gleichmäßig trocknen. Zugluft muss unbedingt verhindert werden 1 .

1 Zugluft vermeiden

Folgende Regeln haben sich beim Tapezieren bewährt:

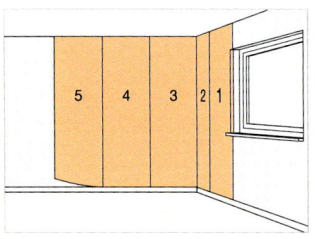

die erste Tapetenbahn immer an der Fensterwand ansetzen

auf immer gleiche Weichzeit der Tapetenbahnen achten

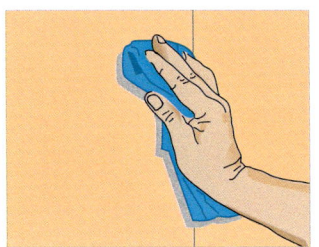

Tapetenoberfläche nicht beschmutzen

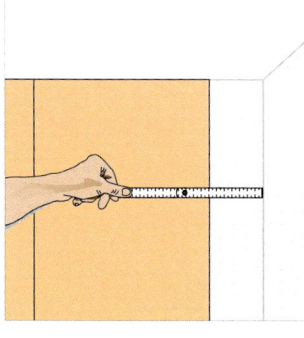

die letzte Bahn einer Wand immer in der Ecke enden lassen

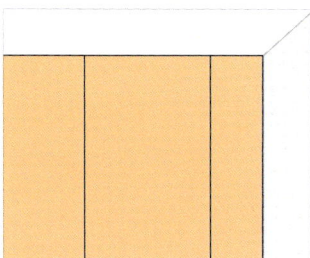

nicht um Innenecken kleben

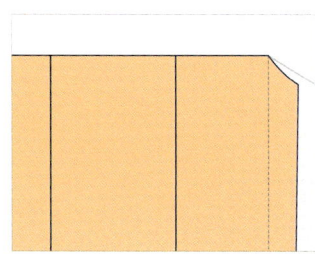

Außenecken umkleben ist möglich

Die Wohnung renovieren

2 Kleister anrühren

3 Kleister auf Raufaser bringen

4 Trocknen lassen

5 Überstreichen mit Farbe

Reinigungsarbeiten sind nach dem Tapezieren besonders wichtig:

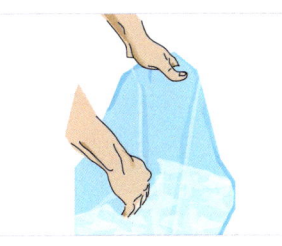
Abdeckmaterialien umweltgerecht entsorgen

Fenster, Türen und Fußboden sofort mit Wasser reinigen

Werkzeuge mit Wasser reinigen

AUFGABE

1. Rühren Sie Kleister an 2 .

Bringen Sie ihn auf der Vorderseite einer Raufasertapete auf (Probe ca. 30 x 30 cm) 3 und lassen Sie ihn trocknen 4 .

Streichen Sie anschließend mit einer kräftigen Farbe (z. B. Rot) über diese Fläche 5 .

Diskutieren Sie Ihre Beobachtungen.

2. Nennen Sie sieben Werkzeuge und Hilfsmittel, die zum Tapezieren benötigt werden.

Erklären Sie den Umgang mit ihnen.

3. Welche Arbeitsschutzvorschriften müssen Sie beim Tapezieren im Umgang mit Werkzeugen und Geräten beachten?

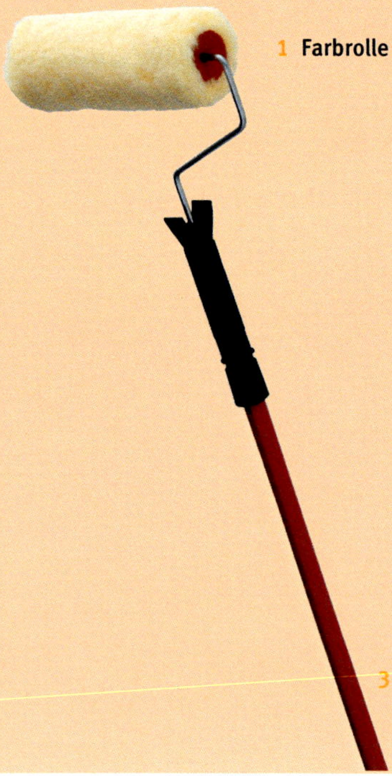

Die Wohnung renovieren

1 Farbrolle
2 Abstreifgitter
3 Rolle auf einer Teleskopstange
4 Stehleiter

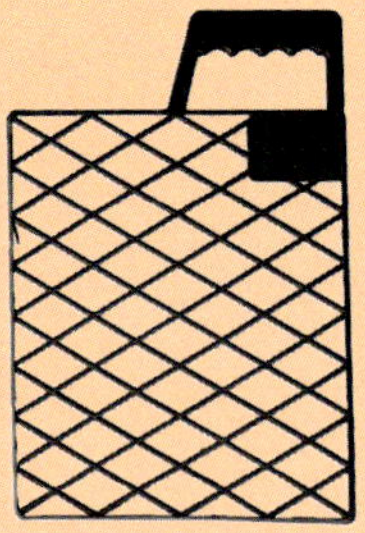

Dispersionsfarbe streichen

Nachdem die Tapeten trocken sind, kann die Wandfarbe aufgebracht werden.

Vor dem Streichen werden alle Farbtöne nach dem Farbkonzept gemischt 5 .

5 Mischen eines Farbtones

Die Dispersionsfarbe wird vor dem Verarbeiten mit ca. 10 % Wasser verdünnt und gut gerührt (z. B. 10 l Dispersionsfarbe mit 1 l Wasser).

Es wird immer mit der Decke des Raumes begonnen. Dazu werden alle Ecken und Kanten mit einem Pinsel gestrichen. Die Farbe wird satt aufgetragen und gut verteilt, bis alle Stellen mit Farbe bedeckt sind.

Jetzt kommt die Farbrolle 1 zum Einsatz. Sie wird am Abstreifgitter 2 in die Dispersion gerollt. Damit wird die gesamte Decke gleichmäßig gestrichen.

> **Die Farbrolle sollte nicht vollständig ausgedrückt werden, sonst wird nicht genügend Farbe aufgetragen.**

Zur Überwindung der Höhe kann:

- die Rolle auf eine Teleskopstange 3 gesetzt oder
- eine Stehleiter genutzt werden 4 .

Die Wohnung renovieren

6 Die Rolle auf Stoß setzen

7 Malerkrepp fest andrücken

Vor dem Streichen der Wände sind Steckdosen, Fenster- und Türrahmen sowie Sockelleisten mit Malerkrepp abzukleben.

Mit einem breiten Pinsel wird 5 bis 10 cm um den Rand des Malerkrepps herumgestrichen.

Beim Streichen hat sich folgende Vorgehensweise bewährt:

- Zuerst alle großen hellen Flächen rollen,
- Rolle auf den Stoß setzen 6 und rollen,
- Farbe nach links und rechts gleichmäßig verteilen,
- anschließend die Dispersion trocknen lassen,
- die Ecken zwischen den hellen Flächen und der künftigen farbigen Fläche abkleben 7 , Malerkrepp fest andrücken,
- nach dem Trocknen prüfen, ob die Farbe gleichmäßig deckt,
- bei Bedarf ein zweites Mal rollen,
- danach die Flächen mit dem dunkleren Farbton streichen, der noch klebende Malerkrepp begrenzt die Fläche exakt.

! Es wird immer mit den hellen Farben begonnen.

Nach dem Streichen wird der Krepp sofort entfernt 8 . So wird der Übergang zwischen zwei Farben genau.

8 Malerkrepp entfernen

Nach den Malerarbeiten werden die:

- Abdeckmaterialien entsorgt,
- Farbverpackungen nach Vorschrift entsorgt,
- Streichwerkzeuge mit Wasser ausgewaschen,
- Farboberflächen mit Wasser benetzt und Gebinde gut verschlossen.

Zusammenfassung

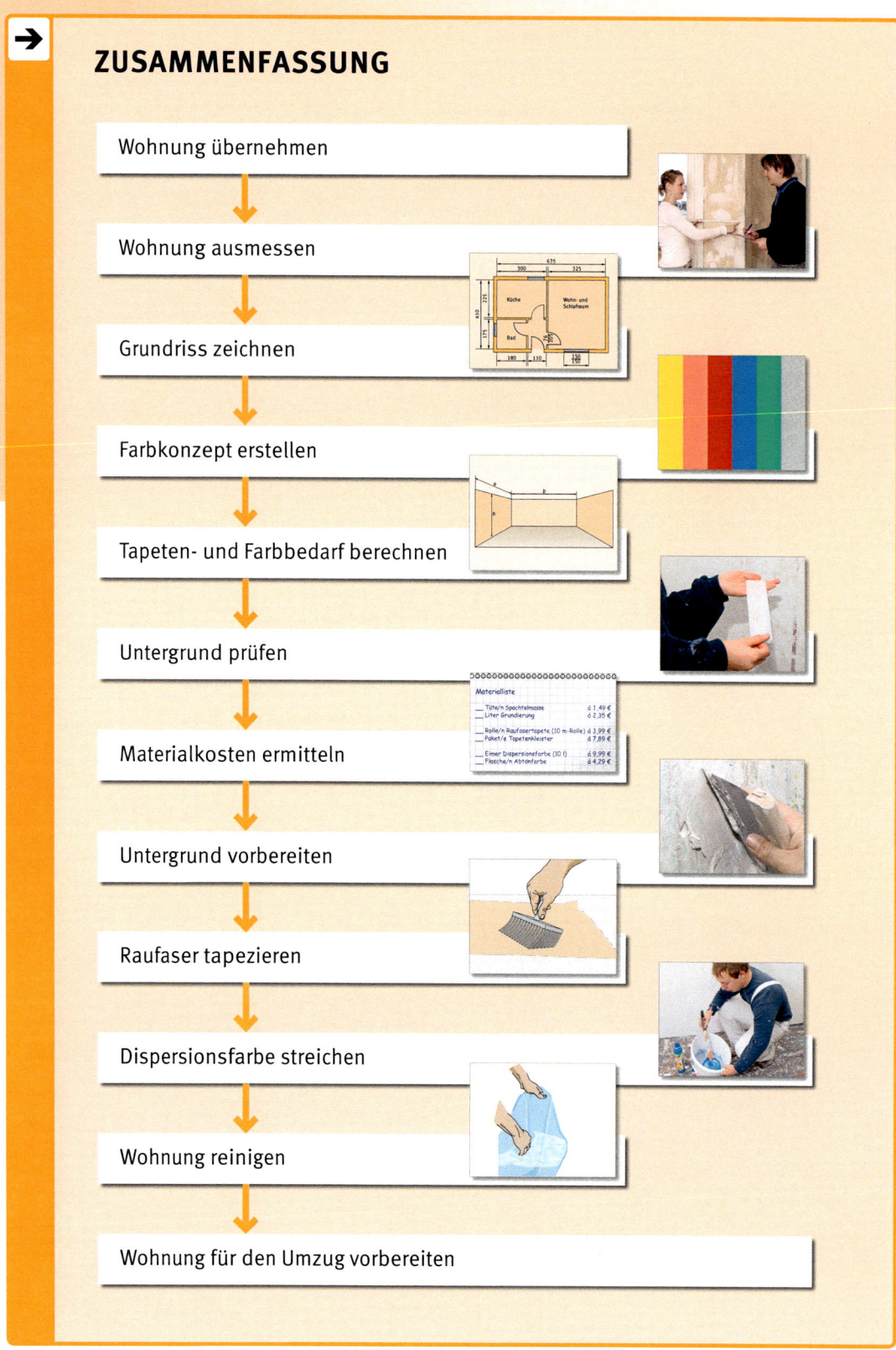

Die Wohnung einrichten 3

3.1 Die Einrichtung planen

Ein guter Plan schützt vor Überraschungen.

3.2 Entscheidungen treffen

Was ist nötig – was ist möglich?

3.3 Möbel kaufen

Vorsicht Schuldenfalle!

3.4 Wenn die Ware defekt ist

Wer sein Recht kennt, zahlt nicht drauf.

1 Wo finden die Möbel ihren Platz?

3.1 Die Einrichtung planen

Alle Maler- und Tapezierarbeiten sind abgeschlossen. Der Umzug steht bevor. In Vorbereitung darauf muss über die Einrichtung nachgedacht werden 1 :

- Wohin mit bereits vorhandenen Möbeln?
- Wo können fehlende Einrichtungsgegenstände gekauft werden?

Anschließend kann es zum Einkauf gehen. Aber bitte nicht, ohne vorher die Preise zu vergleichen.

Bei der Frage der Bezahlung neuer Möbel ist unbedingt eine gründliche Planung erforderlich. Vorzugsweise ohne Kredit – denn dadurch kann Geld gespart werden.

Gekaufte Ware muss fehlerfrei sein. Ist das nicht so, hat der Käufer Rechte. Die kann er geltend machen. Natürlich nur, wenn er seine Rechte kennt.

Wohnbereiche planen

Bereits vor dem Umzug muss entschieden werden, welche Einrichtungsgegenstände in der Wohnung Platz finden sollen:

- Welche Möbel sind dringend erforderlich?
- Welche Möbel sind vorhanden?
- Was kann später angeschafft werden?

Das Ergebnis aller Überlegungen sollte ein Möbelstellplan sein.

AUFGABE

1. a) Fertigen Sie eine Liste mit Möbeln an, die aus Ihrer Sicht dringend notwendig sind für den Wohnbereich Ihrer neuen Wohnung.

b) Kennzeichnen Sie diejenigen, die Sie schon besitzen.

c) Welche Einrichtungsgegenstände für den Küchenbereich können auch später angeschafft werden?

Die Einrichtung planen

2 Alternative für einen Schreibtisch

3 Alternative für einen Küchentisch

Die Anordnung von Möbeln erfolgt in kleineren Wohnungen in Bereiche:

Tab. 1: Mögliche Bereiche einer Wohnung

Bereich	Tätigkeiten (Verben)
Wohnbereich	• fernsehen • Freunde empfangen • lesen
Schlafbereich	• schlafen • träumen • ausruhen
Kochbereich	• Essen zubereiten • abwaschen
Essbereich	• essen • trinken • Gespräche führen
Sanitärbereich	• baden • waschen • Wäsche waschen
Arbeitsbereich	• ? • ? • ?

Einige Tätigkeiten lassen sich gut miteinander kombinieren z. B. Kochen und Essen. Oft kann aus Platzgründen z. B. kein Schreibtisch im Wohnbereich gestellt werden. Eine Alternative wäre ein herunterklappbarer Tisch **2**.

AUFGABE

2. a) Benennen Sie typische Tätigkeiten für den Arbeitsbereich aus Tab. 1.

b) Finden Sie für fünf Verben aus Tab. 1 mindestens je ein Wort mit der gleichen Bedeutung.

c) Wie sollten die einzelnen Bereiche in Tab. 1 für Sie persönlich sein?
Ordnen Sie den Bereichen treffende Adjektive zu.

3. Überlegen Sie sich platzsparende Möglichkeiten für die Kombination der Bereiche Wohnen und Schlafen.

Die Einrichtung planen

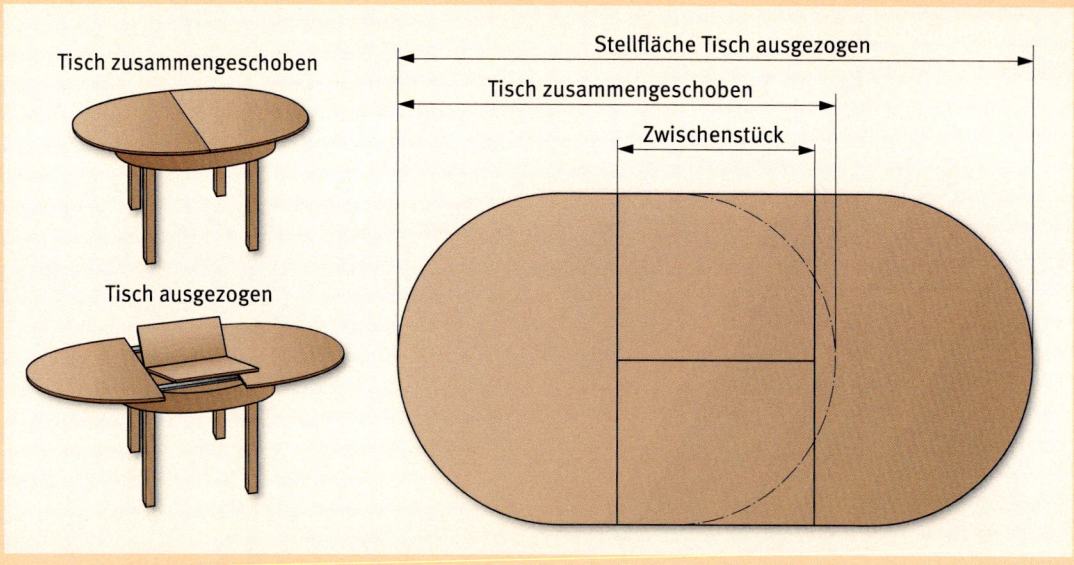

1 Notwendige Stellfläche für einen Ausziehtisch

Den Möbelstellplan vorbereiten

Jetzt sind alle Möbelstellflächen zu zeichnen. Dabei muss unbedingt darauf geachtet werden, dass einige Stellflächen sich vergrößern können **1**, z. B.:

- Schranktüren müssen aufgehen,

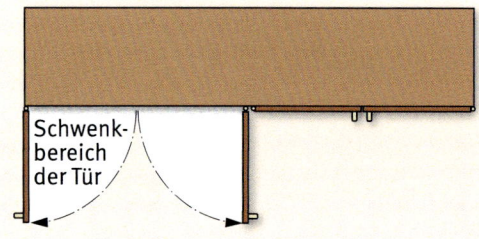

- eine Liege benötigt durch das Ausziehen mehr Platz,

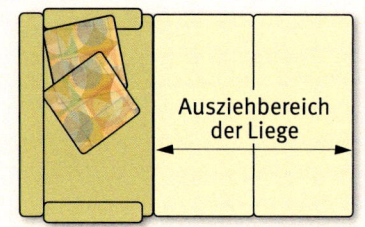

- Tür- und Fensterflügel müssen sich öffnen lassen,

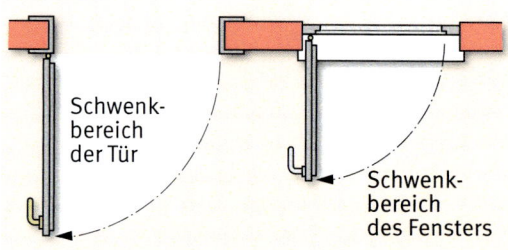

- ein Stuhl muss vom Tisch abstellbar sein.

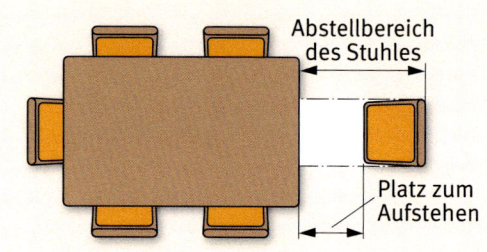

> Die maximale Stellfläche von Möbelstücken ist größer als ihre Standfläche.

Die Einrichtung planen

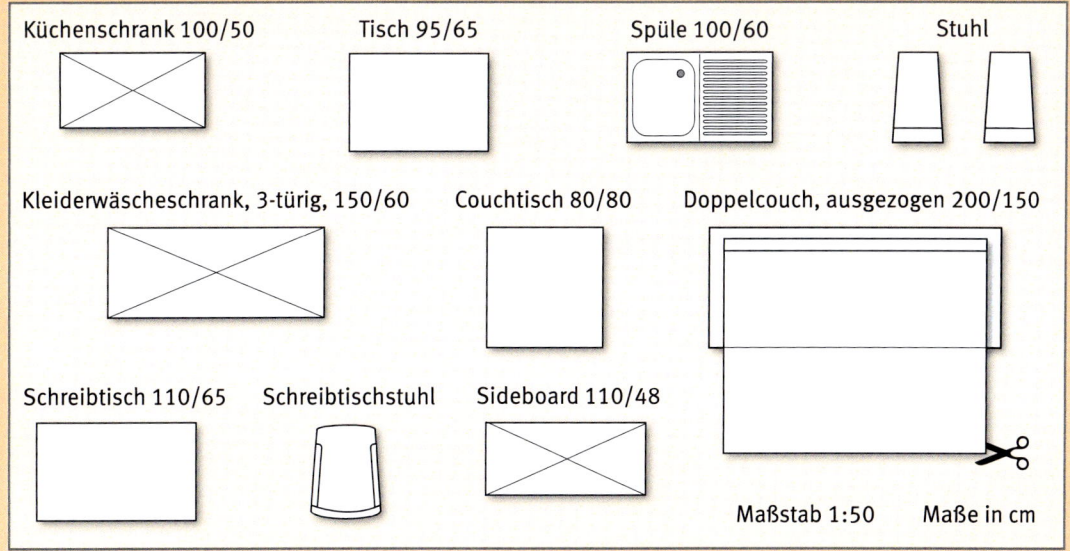

2 Möbelsymbole

Einrichtungsgegenstände anordnen

Die „Minimöbel" 2 werden im gleichen Maßstab wie der Grundriss gezeichnet und ausgeschnitten.

> Hilfreich für maßstabsgetreue Darstellungen ist das Zeichnen auf Millimeter- oder Kästchenpapier.

Für die Einrichtungsgegenstände werden einheitliche Symbole verwendet 2.
Alle Darstellungen werden auf den Grundriss gelegt und hin und her geschoben. So lässt sich leichter der passende Platz finden.

3 Einrichtungsgegenstände anordnen

AUFGABE

1. a) Zeichnen Sie den Grundriss von Seite 29 im Maßstab 1:50.

b) Überlegen Sie, welche Möbel Sie benötigen.

c) Zeichnen Sie diese im Maßstab 1:50 (wie 2) und ordnen Sie diese im Grundriss an.

Bei der Anordnung der Möbel ist auf Folgendes zu achten:

- praktisch einrichten,
- Laufrichtung im Raum nicht verstellen,
- Platz zwischen den Möbeln lassen,
- Lichteinfall,
- Fenster oder Heizung nicht zustellen.

Räume mit vielen Möbeln wirken erdrückend. Besser ist es, sie sparsam einzurichten.

> Zusammengehörende Möbel eines Bereiches werden gruppiert.

Entscheidungen treffen

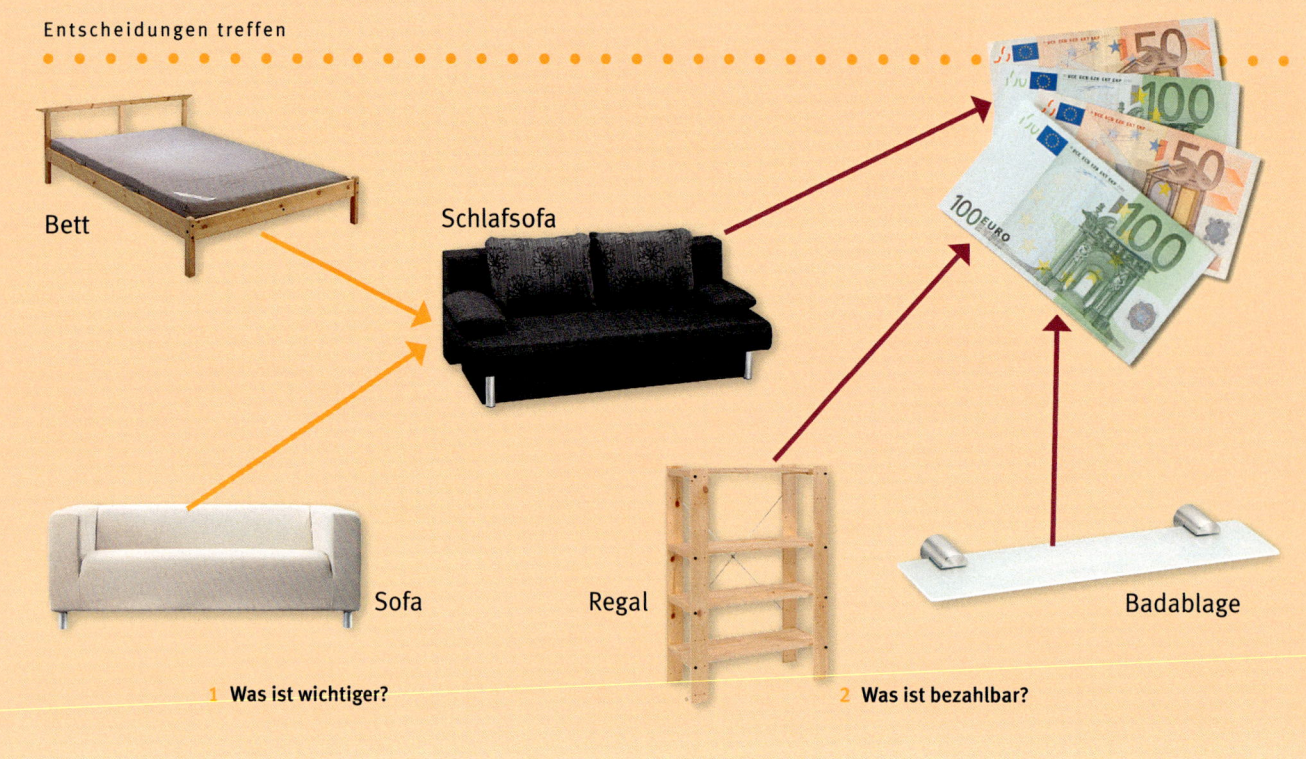

1 Was ist wichtiger?   2 Was ist bezahlbar?

3.2 Entscheidungen treffen

Hopp oder topp?

Die vorhandenen Einrichtungsgegenstände sind auf dem Möbelstellplan angeordnet. Schnell wird deutlich: Die vorhandenen Möbel reichen zwar fürs Erste aus – aber die Anschaffung der einen oder anderen Sache wäre von Vorteil.

Für mehr Gemütlichkeit würde z. B. eine Sitzecke mit Sofa sorgen. Leider reicht der Platz nicht für ein Bett und ein Sofa in der kleinen Wohnung. Eine Alternative könnte ein Schlafsofa sein 1 .

Dieses erfüllt zwei Funktionen auf einmal:

- nachts dient es als Schlafstätte,
- tagsüber als Sitzgelegenheit.

Ideal – also wird es auf der Wunschliste für einen eventuellen Kauf vorgemerkt.

Ein Schrank bietet Platz für die Kleidung, Handtücher, Bettwäsche, Bügeleisen und andere Gegenstände.

Aber wohin mit den Kleingegenständen aus Bad und Küche? Hier fehlt es an nötigem Stauraum und Ablageflächen.

Der Blick auf den Möbelstellplan zeigt, dass in der Küche noch ein Küchenschrank Platz finden könnte. Der ist aber teuer.

Eine Alternative dazu wäre ein Regal. Es erfüllt den gleichen Zweck für weniger Geld 2 . Also kommt auch das Regal für die Küche auf die Wunschliste.

In dem kleinen Bad lässt sich kein Regal aufstellen. Wohin also mit Bürste, Handcreme und all den anderen kleinen Dingen?

Dafür bietet sich eine Badablage an. Sie schafft gerade für kleine Gegenstände genug Ablagefläche und kostet im Gegensatz zu einem Spiegelschrank weniger.

Entscheidungen treffen

Tab. 1: Preisvergleich

Einrichtungsgegenstände und Maße		Einrichtungshaus	Möbelmarkt	Privater Möbelladen
Küchenregal	80 x 120 x 30	69,99 €	19,90 €	35,49 €
Badablage	40 x 20	35,99 €	17,23 €	19,99 €
Schlafsofa	Liegefläche 180 x 140	229,00 €	249,00 €	379,00 €
	Transportkosten	20,00 € pauschal	ab 250,00 € Lieferung frei Haus	Autoanhänger wird zur Verfügung gestellt – kostenlos

Auch die Ablage kommt auf die Wunschliste 2. Darauf stehen nun:

- Schlafsofa
- Küchenregal
- Ablage für das Bad

2 Einkaufszettel

Nicht immer kann man alles auf einmal kaufen. In so einem Fall heißt es, gut zu überlegen: Wie kann das vorhandene Geld am sinnvollsten eingesetzt werden?

> Wer sich Wünsche erfüllen, aber Geld sparen muss, sollte Alternativen suchen.

AUFGABE

1. Suchen Sie alternative Möglichkeiten für eine Garderobe und einen Schuhschrank.

Es soll gemütlich und aufgeräumt aussehen? Dann ist wohl die Anschaffung aller auf dem Einkaufszettel stehenden Möbel notwendig. Jetzt heißt es clever sein und Preise vergleichen!

> Mit einem Preisvergleich kann Geld gespart werden.

AUFGABE

2. Drei Geschäfte bieten die gewünschten Einrichtungsgegenstände an (Tab. 1). Ihnen stehen 290,00 € zur Verfügung.

a) Errechnen Sie die Gesamtsumme für die Möbel jedes Geschäfts einzeln.

b) Suchen Sie aus Tab. 1 den jeweils günstigsten Artikel. Errechnen Sie den Gesamtpreis.

c) Für welchen Einkauf entscheiden Sie sich? Begründen Sie Ihre Meinung.

1 Geldscheine und Münzen

2 Bankkarten

3.3 Möbel kaufen

Mit Bargeld zahlen

Für das Bezahlen der gewünschten Waren stehen dem Käufer verschiedene Möglichkeiten zur Verfügung. Das sind:

- die Barzahlung,
- die Zahlung mit Bankkarte,
- auf Rechnung oder
- per Nachnahme.

Bei der Barzahlung wird der ausstehende Betrag mit Scheinen und Münzen 1 direkt an der Kasse bezahlt. Der Käufer erhält dafür einen Zahlungsbeleg – den Kassenzettel 3 .

Mit der Bankkarte zahlen

Bei größeren Summen wird oft mit einer Bankkarte 2 bezahlt. Hierbei wird der zu zahlende Betrag zeitnah vom Konto des Käufers abgebucht.
Der Verkäufer verlangt zur Sicherheit:

- eine Unterschrift auf dem Kassenbeleg
- oder die Eingabe der vierstelligen PIN in ein Eingabegerät 4 .

Auch hier bekommt man einen Kassenzettel als Zahlungsbeleg.

Die Ware gehört erst dann dem Käufer, wenn der Betrag auf dem Konto des Verkäufers eingegangen ist.

3 Zahlungsbeleg Kassenzettel

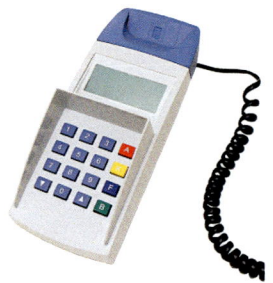

4 Eingabegerät für die PIN

Möbel kaufen

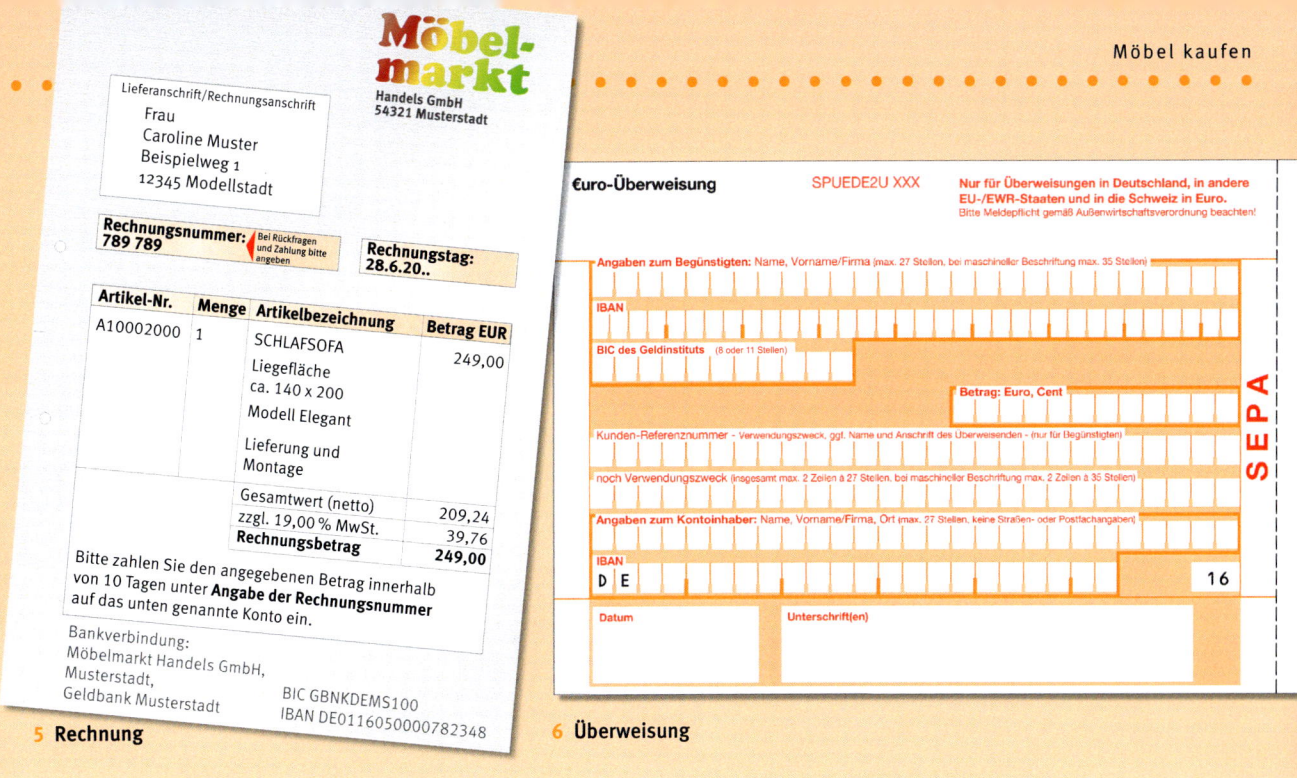

5 Rechnung   6 Überweisung

Zahlen per Rechnung

Eine weitere Möglichkeit ist die bargeldlose Zahlung auf Rechnung 5 . Hier erhält der Käufer einen Beleg mit einer Zahlungsaufforderung innerhalb einer Frist. Der Käufer muss den Betrag bis zum Ablauf der Frist auf das Konto des Verkäufers überweisen 6 .

> **AUFGABE**
> 1. Die Rechnung für die Schlafcouch 5 muss bezahlt werden. Füllen Sie ein Überweisungsformular aus. Die Daten entnehmen Sie der Rechnung 5 .
>
> Die Bankdaten des Käufers können Sie frei wählen.

Ein Überweisungsformular liegt in den meisten Fällen der Rechnung bei. Stattdessen kann jeder auch die Überweisungsformulare seines Geldinstituts nutzen 6 . Das ausgefüllte Formular muss unterschrieben bei der Bank eingereicht werden.

Per Nachnahme bezahlen

Viele Versandhäuser verlassen sich heute nicht mehr darauf, dass der Kunde irgendwann einmal seine Rechnung zahlt. Sie wollen Sicherheit. Deshalb muss der Kunde die Ware bei Lieferung sofort bezahlen. Andernfalls wird die Ware nicht ausgehändigt. Dieser Vorgang wird Zahlung per Nachnahme genannt.

> Die Zahlung per Nachnahme ist teuer. Sie umfasst den Kaufpreis, die Nachnahmegebühr und die Versandkosten.

> **AUFGABE**
> 2. a) Recherchieren Sie im Internet bei einem Versandhaus Ihrer Wahl die Lieferbedingungen, die Versandkosten und die Nachnahmegebühr für eine Glasablage im Wert von etwa 50 €.
>
> b) Errechnen Sie die Gesamtkosten für die Glasablage.

1 Werbung eines Möbelhauses

Einen Kredit mit Raten abzahlen

Es kann vorkommen, dass nicht genügend Geld für die Grundausstattung vorhanden ist. Wie kann dennoch das Nötigste angeschafft werden? Man kann:

- den fehlenden Betrag ansparen,
- bei den Eltern oder Verwandten leihen oder
- einen Kredit aufnehmen und per Raten abzahlen 1 .

Fällt die Entscheidung für den Kauf auf Kredit, muss bedacht werden, dass:

- monatliche Raten zu zahlen sind,
- dafür oft zusätzlich Zinsen fällig werden,
- das Produkt letztlich viel teurer wird.

Egal für welche Zahlungsmöglichkeit man sich entscheidet – niemand will in die Schuldenfalle 2 tappen.

> Die Entscheidung für einen Kauf auf Kredit muss genau durchdacht und geprüft werden.

AUFGABE

1. a) Aus welchen Wörtern setzt sich der Begriff Schuldenfalle zusammen?
Schreiben Sie diese auf.

b) Bestimmen Sie die Wortart und die Bedeutung.
Achtung: Wörter können auch mehrere Bedeutungen haben.

2. a) Was bedeutet das Wort Schuldenfalle für Sie persönlich? Diskutieren Sie in der Klasse darüber.

b) Nennen Sie Ihnen bekannte Schuldenfallen.

2 Vorsicht Schuldenfalle!

Möbel kaufen

3 Kredithai

AUFGABE

5. Sehen Sie sich die Karikatur 3 genau an. Welche Aussage könnte hinter der Zeichnung stecken?

6. a) Sammeln Sie aus Tageszeitungen Angebote von Kreditvermittlern.

b) Markieren Sie die Stellen der Anzeige, die Sie an der Seriosität des Angebots zweifeln lassen.

Versand- und Möbelhäuser locken ihre Kunden mit vielfältigsten Angeboten 1 , z. B.:

- Kaufen Sie jetzt, zahlen Sie später!
- Zahlen Sie bequem in Raten!
- Zahlen Sie in Raten, 0 % Zinsen!

Solche Angebote haben nur eins zum Ziel: Sie sollen zum Kauf verführen.

> Wer sich auf Ratenzahlung einlässt, muss sichergehen, dass er den Überblick behält und alle Raten zahlen kann.

AUFGABE

3. Die Dauer einer Ratenzahlung ist schwer zu überblicken. Wie können Sie dennoch den Überblick behalten?

4. Sie wollen sich monatliche Raten in Höhe von 20 € leisten. Wo sehen Sie Möglichkeiten zu sparen?

Die Schuldnerberatung hilft

Auch die letzte Rate muss bezahlt werden. Erst danach gehört die Ware dem Käufer.

Wird auch nur eine Rate nicht gezahlt, mahnt der Verkäufer schriftlich.

Mahnungen kosten zusätzlich Geld. Reagiert der Kunde wiederholt nicht darauf, droht ein gerichtliches Mahnverfahren bis hin zum Vollstreckungsbescheid.

Der Gerichtsvollzieher kommt, Konto- oder Entgeltpfändungen drohen.

Wenn Zahlungsprobleme auftreten, sollte man sich nicht scheuen, um Hilfe zu bitten. Die kompetenten Partner heißen Schuldnerberater.

> Eine Schuldnerberatungsstelle bietet Hilfe, wenn Verschuldung droht oder Raten nicht gezahlt werden können.

Wenn die Ware defekt ist

1 Kassenzettel für das Regal

2 Rechnung für die Schlafcouch

3.4 Wenn die Ware defekt ist

Belege aufbewahren

Durch den Kauf des Schlafsofas, des Regals und der Ablage ist ein Vertrag zu Stande gekommen – ein Kaufvertrag 3 .

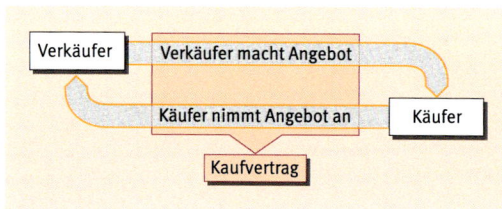

3 Kaufvertrag

Daraus ergeben sich für den Verkäufer und den Käufer Rechte und Pflichten.
Der Verkäufer muss die Schlafcouch, das Regal und die Ablage rechtzeitig und in einem einwandfreien Zustand übergeben.
Der Käufer muss die Ware abnehmen und die übergebenen Waren bezahlen.

Beim Kauf von Möbeln und Gebrauchsgegenständen erhält man je nach Zahlungsart:

- einen Kassenzettel 1 ,
- oder eine Rechnung 2 ,
- zusätzlich manchmal eine Garantieurkunde.

Für den Fall, dass die Möbel und Gebrauchsgegenstände einen Mangel haben, dienen sie als Nachweis über deren Kauf:

- bei einem bestimmten Händler,
- zu einem bestimmten Zeitpunkt (Datum).

| **Zahlungsnachweise sind wichtige Belege. Sie müssen sorgsam verwahrt werden** 4 .

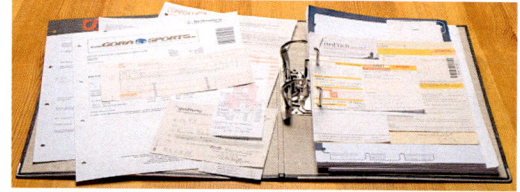

4 Ordner für Belege

Wenn die Ware defekt ist

Tab. 1: Rechte des Käufers bei einem Mangel
Nacherfüllung
Rücktritt vom Kaufvertrag
Minderung des Kaufpreises
Schadenersatz

5 Mangelhafter Schrank

AUFGABE

1. Auf dem Kassenzettel 1 sind verschiedene wichtige Angaben über den Kauf des Regals zu finden.

a) Bei welchem Händler wurde die Ware gekauft?

b) Zu welchem Zeitpunkt wurde das Regal gekauft?

c) Mit welcher Zahlungsart wurde die Ware bezahlt?

d) Notieren Sie Stichpunkte zu a), b) und c).

2. Ohne Kaufnachweise kann der Käufer seine Rechte nicht wahrnehmen.

a) Wo und wie lange würden Sie Ihre Kaufbelege aufbewahren?

b) Tauschen Sie sich darüber in der Klasse aus.

Gewährleistung

Im Fall der Übergabe einer mangelhaften Ware 5 hat der Käufer das Recht auf eine gesetzlich festgelegte Gewährleistung. In Deutschland beträgt die Dauer der gesetzlichen Gewährleistung 2 Jahre.

Dem Käufer stehen mehrere Möglichkeiten zur Verfügung (Tab. 1).

Bei der Nacherfüllung muss der Verkäufer dafür Sorge tragen, dass der Mangel beseitigt wird durch:

- die Lieferung einer neuen Ware oder
- eine Nachbesserung (Reparatur).

Sind diese Maßnahmen erfolglos, darf der Käufer vom Vertrag zurücktreten oder einen Preisnachlass fordern.

Ist dem Käufer durch den Mangel zusätzlich ein Schaden entstanden, kann er Schadenersatz fordern.

1 Garantieurkunde

Garantie

Über die gesetzliche Gewährleistung hinaus können der Verkäufer oder der Hersteller eine Garantie 1 vergeben. Dabei handelt es sich um eine freiwillige Leistung. Sie ist gesetzlich nicht vorgeschrieben.

Der Verkäufer oder der Hersteller sichert hierbei die Funktionsfähigkeit der Ware oder bestimmter Teile davon für einen bestimmten Zeitraum zu.

Eine Garantie wird oft ausgeschlossen, wenn der Käufer den Schaden an der gekauften Ware selbst verschuldet hat 2 .

Reklamieren

Was ist nun zu tun, wenn eine Ware nicht ordnungsgemäß übergeben wird? Um sein Recht auf gesetzliche Gewährleistung bzw. Garantie in Anspruch nehmen zu können, muss reklamiert werden.

> **Eine Reklamation ist eine Beschwerde. Durch sie werden Mängel beanstandet.**

Die Reklamation muss beim Verkäufer der mangelhaften Ware unverzüglich nach dem Entdecken des Mangels erfolgen 3 .
Das kann in mündlicher oder schriftlicher Form geschehen.

2 Käufer legt selbst Hand an

3 Reklamation beim Verkäufer

Wenn die Ware defekt ist

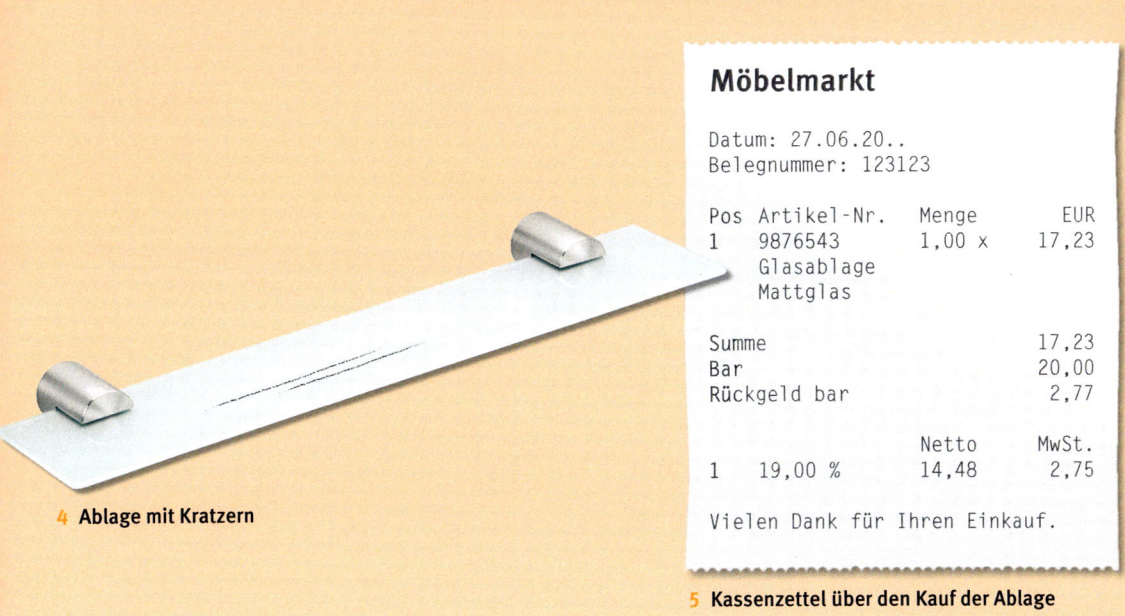

4 Ablage mit Kratzern

5 Kassenzettel über den Kauf der Ablage

Manchmal genügt ein Telefonat oder der Gang zum Händler, um sich zu beschweren.

Bei dieser Gelegenheit muss der Kassenzettel bzw. die Rechnung (oder Kontoauszug) als Zahlungsnachweis vorgelegt werden.

Mehr Sicherheit bringt die Reklamation in schriftlicher Form. Sie dient auch zu einem späteren Zeitpunkt als Beweis für die Beschwerde.

In der schriftlichen Reklamation müssen die Vorgaben des Geschäftsbriefes (Seite 15) umgesetzt werden. Die Reklamation muss neben den allgemein gültigen (Seite 15) noch folgende Angaben enthalten:

- die Rechnungsnummer,
- das Rechnungsdatum,
- eine kurze, aber möglichst genaue Beschreibung des Mangels sowie
- die Forderung nach Beseitigung des Mangels innerhalb einer bestimmten Frist, z. B. 4 Wochen.

AUFGABE

1. Die Glasscheibe der Ablage für das Bad hat Kratzer 4.

Formulieren Sie schriftlich eine Reklamation in Form des Geschäftsbriefes.

Der Kassenzettel 5 enthält alle Angaben, die Sie dazu benötigen.

Es kommt vor, dass einem das gekaufte Stück schon kurze Zeit später doch nicht mehr gefällt.

Hier hat der Käufer weder Anspruch auf gesetzliche Gewährleistung noch auf Garantie. Eine Reklamation nützt nichts. Der Käufer kann nur auf die **Kulanz** des Verkäufers hoffen.

In einigen Fällen räumen die Verkäufer ihren Kunden ein zeitlich festgelegtes kostenloses Rückgaberecht ein, z. B. beim Warenkauf zu Weihnachten.

ZUSAMMENFASSUNG

Die Wohnung einrichten

Was muss getan und beachtet werden?

Wohnbereiche planen

- notwendige Wohnbereiche festlegen
- Möbelstellplan erarbeiten
- vorhandene Einrichtungsgegenstände anordnen
- fehlende Einrichtungsgegenstände auflisten

Kaufen und bezahlen

- mit Bargeld
- mit Bankkarte
- durch Rechnung
- per Nachnahme
- Raten bei Kreditaufnahme

Schulden vermeiden

- Schuldenfallen erkennen
- Schuldnerberatung bei Verschuldung sofort aufsuchen

Rechte und Pflichten des Käufers kennen

- gekaufte Waren prüfen
- fehlerhafte Ware sofort reklamieren
- Rechte kennen
- Belege sorgfältig aufbewahren

Umziehen und ankommen 4

**4.1
Einen Umzug
organisieren**

Nur ein Genie
beherrscht das Chaos.

**4.2
Möbel montieren**

Wissen, warum
der Dübel klemmt.

**4.3
Wohnbereiche gestalten**

Ein Tüpfelchen
auf das i setzen.

1 Der Weg vom Elternhaus in die eigene Wohnung
2 Den Umzugstermin festlegen

4.1 Einen Umzug organisieren

Endlich ist es so weit. Nur noch wenige Wochen bis zum Umzug in die eigene Wohnung 1 .

Die Unruhe steigt, je näher der Umzugstag rückt, denn es gibt viel zu bedenken:

- Da muss zunächst abgeschätzt werden, wie umfangreich der Transport sein wird.
- Welche Möbel und Gebrauchsgegenstände sollen mit in die neue Wohnung?

Außerdem ist vor und nach so einem Umzug jede Menge Papierkram zu erledigen.
Wer jetzt keine Ordnung schafft, erntet Chaos und Stress.

Mit einem guten Plan geht der Umzug viel leichter vonstatten. Die Vorfreude auf die eigenen vier Wände überwiegt.
Also, auf in die Planung – fertig – umziehen!

Den Umzug planen

Ein Umzug, egal ob in eigener Regie oder mit einer Umzugsfirma, erfordert eine exakte Planung. Sie gibt den Überblick über das umfangreiche Umzugsprogramm.

Zunächst muss der Umzugstermin festgelegt werden 2 . Danach richtet sich die Planung. Sinnvoll ist eine Einteilung der Zeit in Abschnitte, z. B.:

1. vier Wochen bis 14 Tage vor dem Umzug,
2. 14 Tage bis einen Tag vor Umzug,
3. der Umzugstag,
4. die Tage nach dem Umzug.

Diesen vier Etappen werden alle Aufgaben zugeordnet, die im jeweiligen Zeitraum zu erledigen sind.

Für die professionelle Organisation eines Umzugs gibt es z. B. Checklisten und Umzugstipps in verschiedenen Varianten im Internet.

Einen Umzug organisieren

3 Eine Entscheidung treffen

Die erste Etappe

Bereits vier Wochen vorher muss entschieden werden: Umzug in Eigenregie oder mit einer Umzugsfirma? In den seltensten Fällen kann ein Umzug allein bewältigt werden.

Soll der Umzug selbst organisiert und durchgeführt werden, geht es nicht ohne Helfer. Das können z. B. Eltern, Verwandte und Freunde sein. Doch haben die gerade Zeit und Lust? Es kann auch eine Umzugsfirma beauftragt werden. Sie organisiert den Umzug und führt ihn auch durch. Das aber kostet Geld.

Ein prüfender Blick in die eigenen vier Wände hilft bei der Entscheidung 3 . So viele große Gegenstände sind es nicht. Aber es gibt jede Menge Kleinkram. Neu gekaufte Möbel werden besser gleich in die neue Wohnung gebracht.

Wird dafür wirklich eine Umzugsfirma benötigt?

> **AUFGABE**
> **1.** a) Fertigen Sie eine Liste der Dinge an, die Sie in die neue Wohnung mitnehmen würden.
>
> b) Ordnen Sie nach Möbeln, Kleidung, Wäsche, Pflanzen, Bücher, Tonträger.

Mithilfe der Liste lässt sich der Umfang des Umzugs abschätzen, z. B.:

- Anzahl der Kisten und Kartons,
- Anzahl der notwendigen Helfer,
- Größe des Transporters.

> **AUFGABE**
> **2.** Wie würden Sie sich nun entscheiden:
> Firma oder Eigenregie?
> Begründen Sie Ihre Entscheidung.

Einen Umzug organisieren

1 Transporter für einen Umzug

AUFGABE

1. a) Berechnen Sie die Jahreskosten für den Stromverbrauch eines Ein-Personen-Haushaltes bei einem Jahresverbrauch von 1250 kWh:

- Anbieter 1 verlangt 19,62 Cent/kWh,
- Anbieter 2 verlangt 21,40 Cent/kWh.

b) Wie groß ist die Differenz zwischen den Jahresrechnungen ohne die Grundgebühr?

Zu den wichtigsten langfristigen Aufgaben gehört die Organisation eines geeigneten Transportfahrzeugs für den Umzug 1 . Autovermietungen bieten solche Transporter in unterschiedlichen Größen und Preislagen an.

> Transporter kosten innerhalb der Woche weniger als am Wochenende. Angebote vergleichen, hilft Geld zu sparen.

Außerdem sollte rechtzeitig ein Fahrer für den Transporter gesucht werden. Er muss den Führerschein der Klasse 3 oder einen EU-Führerschein Klasse B besitzen. Damit darf ein Transporter bis 3,5 Tonnen gefahren werden.

Wenn die Eltern, Freunde und Verwandte beim Umzug helfen sollen, müssen sie unbedingt frühzeitig über den Umzugstermin informiert werden.

Eventuell können sie sogar beim Besorgen der Kartons und anderer Umzugsmaterialien zur Seite stehen.

Die Zeit vor dem eigentlichen Umzug bietet eine gute Gelegenheit, die Preise der Energieversorger zu prüfen und einen günstigen Anbieter für die neue Wohnung zu wählen.

Ein Nachsendeauftrag bei der Post sichert, dass die Post ihren Weg in den Briefkasten der neuen Wohnung findet. Er kostet jedoch extra.

Will man darauf verzichten, müssen Freunde, Bekannte und Institutionen schon vor dem Umzug über die neue Adresse informiert werden.

In der neuen Wohnung sind eventuell auch Arbeiten auszuführen, die nur ein Fachmann erledigen darf, z. B. das Anschließen eines Elektroherdes. Diese Handwerker sollten möglichst frühzeitig zu einem Termin in die neue Wohnung bestellt werden.

> Achtung: Nicht vergessen, den Umzugsurlaub rechtzeitig zu beantragen.

2 Beschrifteter Karton für die Küche

3 Beschrifteter Karton mit …

4 Beschriftete Plastiktüte mit Kleinteilen

Die zweite Etappe

Etwa 14 Tage vor dem Umzug sollte mit dem Packen der Umzugkartons begonnen werden. Das kann so, wie es die Zeit erlaubt, geschehen.

Folgende Regeln haben sich beim Packen und Vorbereiten der Möbel bewährt:

- das zuerst in der neuen Wohnung Benötigte wird zuletzt eingepackt,
- Kartons immer raumweise packen und beschriften 2 ,
- schwere Gegenstände nach unten packen,
- zerbrechliche Gegenstände mit Papier oder Handtüchern schützen, Karton extra kennzeichnen 3 ,
- demontierte Möbelteile beschriften (oben, unten, links, rechts),
- Kleinteile und Schrauben in kleinen Plastiktüten verwahren und beschriften 4 .

> Das Maximalgewicht darf beim Packen der Kartons nicht überschritten werden.

AUFGABE

2. Der größte Karton hat die Maße (in mm) 500 x 300 x 340.

Wie groß ist die Grundfläche des Kartons?

3. a) Ermitteln Sie das Gewicht dieses Lehrbuches.

b) Wie viele Bücher können Sie in einen Karton packen?

Das maximale Gewicht von 20 kg soll möglichst nicht überschritten werden.

4. Tragen Sie gemeinsam mit der Klasse zusammen, wo Sie geeignetes Verpackungsmaterial kostenlos erhalten können.

5. Auf dem Karton in 3 steht das Wort „fragile".

Was bedeutet dieser Begriff?

1 Werkzeuge

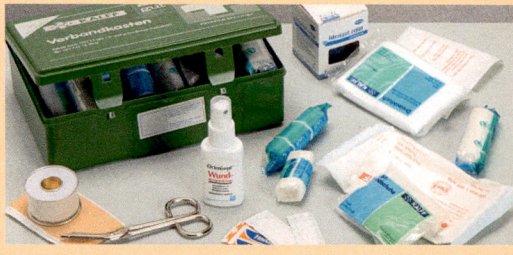
2 Verbandskasten

3 Müllbeutel und -tüten

Etwa eine Woche vor dem Umzug stehen folgende Arbeiten an:

- die Hausmeister der alten und neuen Wohnung über den anstehenden Umzug informieren,
- prüfen, ob alle Helfer und auch die Handwerker kommen,
- Toilettenartikel und Verbandskasten 2 bereitstellen,
- Werkzeuge 1 zusammenstellen,
- Art und Menge des Imbisses planen,
- Müllbeutel und -tüten 3 bereitlegen,
- Lampen oder Lampenfassungen in der neuen Wohnung anbringen.

AUFGABE

1. a) Überlegen Sie, welche Werkzeuge Sie benötigen, damit beim Einzug alle Aufgaben erledigt werden können.

b) Tragen Sie alle Werkzeuge in einer Liste zusammen.

AUFGABE

2. Arbeit macht durstig und hungrig.

a) Überlegen Sie sich eine Möglichkeit für eine kleine Stärkung der Umzugshelfer.

b) Fertigen Sie für die Zutaten des Imbisses eine Einkaufsliste an.

Die wichtigsten Aufgaben am Tag vor dem Umzug sind:

- den Transporter abholen,
- sperrige Möbel demontieren,
- ausreichend Getränke und Zutaten für einen Imbiss besorgen,
- den Imbiss vorbereiten,
- das für den Imbiss notwendige Geschirr zusammenstellen.

Für einen Imbiss eignen sich kleine Mahlzeiten, die sich ohne großen Zeitaufwand herstellen lassen.

Einen Umzug organisieren

4 Die Helfer sind eingewiesen

5 Beladen des Transporters

Die dritte Etappe – der Umzugstag

Die Schlüssel für die neue Wohnung liegen griffbereit, der Transporter steht vor der Tür und die Helfer sind pünktlich.

Die wichtigste Aufgabe für diesen Tag lautet, selbst den Überblick zu behalten und alle Aufgaben auf die Helfer zu verteilen. Dazu reicht eine kurze Einweisung aller Beteiligten 4 . Jedem Helfer sollten nur die Aufgaben übertragen werden, die er bewältigen kann.

Und dann geht's los. Das Einladen der Möbel und Kartons kann beginnen 5 . Auf folgende Punkte ist besonders zu achten:

- sperrige Gegenstände mindestens zu zweit oder mit dem Tragegurt tragen,
- zuerst die Kartons, dann die Möbel in den Transporter einladen,
- Kisten und lose Gegenstände richtig verzurren,
- empfindliche Teile z. B. mit Decken schützen.

In der neuen Wohnung wird zunächst der Möbelstellplan 6 an der jeweiligen Zimmertür der Wohnung befestigt.

So wissen die Helfer genau, wo welches Möbelteil stehen soll. Auch die beschrifteten Kartons stehen dann sofort am richtigen Platz.

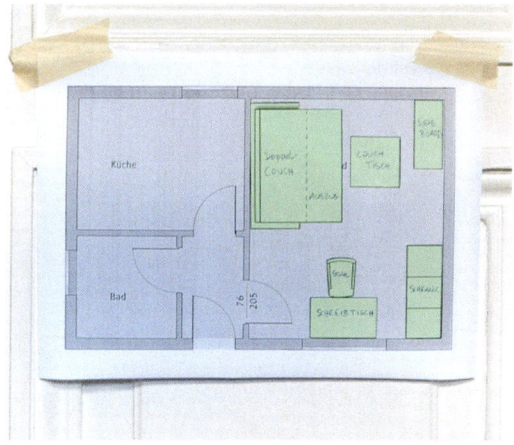

6 Den Möbelstellplan anbringen

Das Umzugsfahrzeug muss pünktlich abgegeben werden, sonst ist eine Zuzahlung fällig.

Tab. 1: Checkliste für die wichtigsten Ummeldungen

		erledigt am
Versorgungs-betriebe	Strom-, Gas-, Wasserversorger	20.10.20..
	Abfallentsorger	?
Behörden/Institutionen	Einwohnermeldeamt	?
	Arbeitgeber / Arbeitsagentur / Schule	?
	Krankenkasse / Familienkasse	?
	Straßenverkehrsamt	?
	Kreiswehrersatzamt	?
Bank/Post/Telefon	Geldinstitute	?
	Post	?
	Handy / Telefon / Internet / GEZ	?
Sonstiges	Versicherungen	?
	Bibliothek / Videothek / Zeitung	?
	Verwandte/Freunde	?

Allen Behörden und Institutionen ist die neue Adresse
- schriftlich,
- persönlich oder
- telefonisch

mitzuteilen.

Die vierte Etappe

Sofort nach dem Umzug muss die An- bzw. Ummeldung bei Behörden und Institutionen am neuen Wohnort erfolgen. Eine Liste spart Zeit und Mühe (Tab. 1).

Hilfe beim Herausfinden der entsprechenden Adressen gibt das Bürgeramt des Ortes. Es ist zentrale Anlaufstelle für Dienstleistungen mehrerer Behörden.

Die zeitnahe Anmeldung des neuen Wohnsitzes – meist innerhalb einer Woche – beim Einwohnermeldeamt ist Teil des **Meldegesetzes**. Deshalb muss das einer der ersten Wege nach dem Umzug sein.

Zur Anmeldung sind der Personalausweis und meistens der Mietvertrag notwendig.
Durch die Behörde erfolgt gleichzeitig die Abmeldung vom alten Wohnort.

> Bei Verstoß gegen die Anmeldefrist muss mit einer Geldbuße gerechnet werden.

Wer einen Internetzugang nutzen kann, spart Zeit und Wege. Die meisten Verwaltungen verfügen schon über einen Online-Auftritt. Oftmals stehen hier die notwendigen elektronischen Formulare für eine Ummeldung bereit.

AUFGABE

1. Prüfen Sie, ob es zu Ihrem Bürgeramt **1** eine Internetadresse gibt. Schreiben Sie mindestens vier Dienste auf, die das Bürgeramt anbietet.

1 Bürgeramt

Einen Umzug organisieren

2 Mitteilung der Adressänderung per Post

Der Arbeitgeber und die Schule können mündlich über die neue Adresse informiert werden.

AUFGABE

2. a) Fertigen Sie einen Notizzettel mit Ihrer neuen Adresse an.

b) Kontrollieren Sie die richtige Schreibweise, insbesondere des Straßennamens.

Institutionen wie die Agentur für Arbeit und die **Familienkasse**, die Krankenkasse und das Kreiswehrersatzamt müssen schriftlich benachrichtigt werden 2 .

AUFGABE

3. Entwerfen Sie einen Musterbrief, in dem Sie die Agentur für Arbeit über die neue Adresse informieren.

Nutzen Sie die Briefvorlage zum Schreiben eines privaten Geschäftsbriefes auf S. 15.

Wer ein eigenes Kraftfahrzeug besitzt, muss es beim zuständigen Straßenverkehrsamt ummelden. Zur Ummeldung werden folgende Unterlagen 3 benötigt, der:

- Kraftfahrzeugbrief,
- Fahrzeugschein,
- Personalausweis sowie
- die Anmeldung beim Einwohnermeldeamt.

3 Unterlagen für die Ummeldung eines Kfz

Die Ab-, An- und Ummeldung bei Behörden und Institutionen nach einem Umzug ist Pflicht.

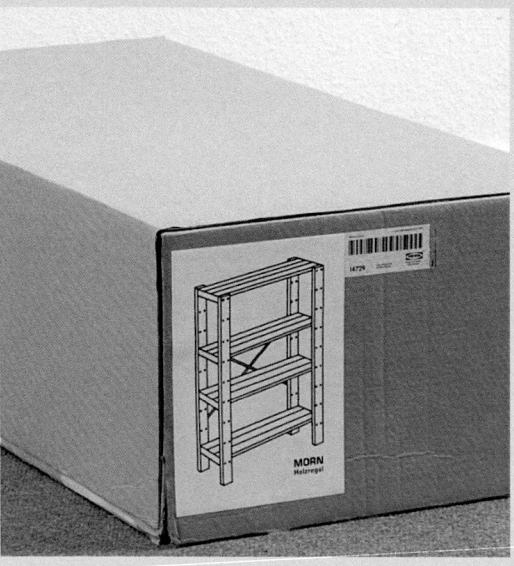
1 Neu gekauftes Regal

2 Stückliste mit sortiertem Material abgleichen

4.2 Möbel montieren

Die Montage vorbereiten

Das neu gekaufte Regal liegt noch verpackt in der Wohnung und wartet auf seine Montage 1.

> Eine Montage ist der Zusammenbau von Bauteilen zu einer Baueinheit.

Zuerst müssen die Einzelteile ausgepackt und auf Vollständigkeit sowie Mängel geprüft werden. Bei der Kontrolle hilft eine Stückliste. Sie liegt jedem Möbelpaket bei 2.

Fehlende oder beschädigte Teile sollten sofort beim Verkäufer reklamiert werden.

AUFGABE

1. Lesen Sie auf den Seiten 58 und 59 nach, wie eine ordnungsgemäße Reklamation ablaufen muss.

AUFGABE

2. Das Verpackungsmaterial soll entsorgt werden:

a) Wo können Sie in der näheren Umgebung Wellpappe umweltgerecht entsorgen?

b) Suchen Sie die Straße bzw. den Platz in einem geeigneten Stadtplan.

3. Wählen Sie aus der vorliegenden Übersicht unten die Werkzeuge und Materialien aus, die für die Montage des Regals benötigt werden:

Hammer, Messschieber, Zange, Schraubendreher, Säge, Feile, Wasserwaage, Bohrer, Schleifpapier, Schleifklotz, Flachpinsel, Gliedermaßstab.

Möbel montieren

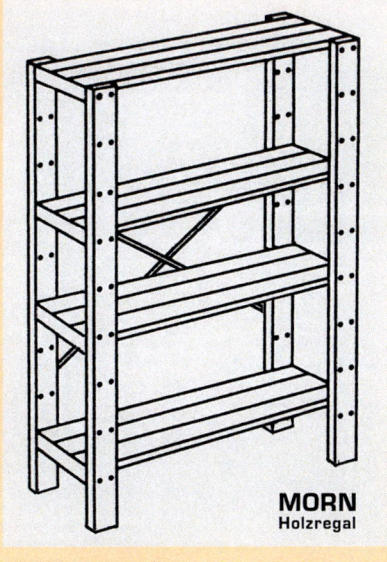
3 Gesamtdarstellung

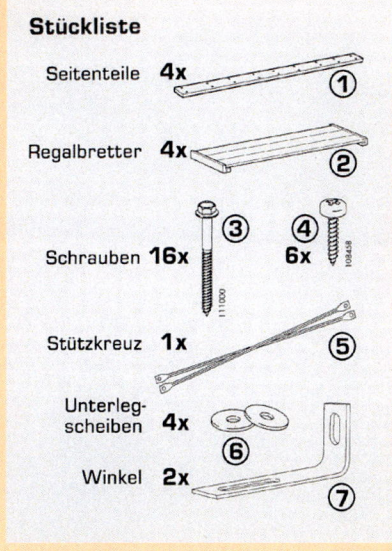
4 Stückliste

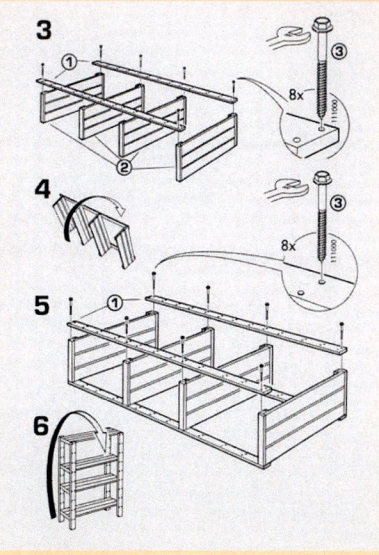
5 Bildliche Hilfen

Nun kann der Aufbau des Regals beginnen. Aber wie?

Hier hilft der beigefügte Montageplan. Er beschreibt die einzelnen Arbeitsschritte für den Aufbau des Möbelstücks genau und enthält:

- eine Gesamtdarstellung des fertigen Produktes als Foto oder Zeichnung 3,
- eine Stückliste der gelieferten Einzelteile 4,
- nummerierte bildliche Hilfen zur Montage in der richtigen Reihenfolge 5.

Auf den Darstellungen sind die Teile als Explosionszeichnung abgebildet.

> **Explosionszeichnungen stellen Einzelteile und Verbindungsmittel in ihrer räumlichen Anordnung zueinander dar.**

Die einzelnen Teile sind mit Positionsnummern versehen. Diese stimmen mit der Stückliste der Montageanleitung überein.

Wie nun weiter?
Genau wie in der Werkstatt oder im Büro:

- zuerst den Arbeitsplatz einrichten, d. h. Boden abdecken und alle notwendigen Werkzeuge bereitlegen 6,
- Montageplan lesen,
- alle Kleinteile nach Nummern ordnen,
- in der Reihenfolge, wie im Montageplan angegeben, montieren.

6 Arbeitsplatz einrichten

Möbel montieren

1 Die Montage kann beginnen

Das Regal montieren

Folgende Arbeitsschritte müssen nacheinander ausgeführt werden:

- die drei Regalbretter mit der schmalen Seite auf den Boden legen,

- die Leisten links und rechts auflegen,

- die Leisten mit den Böden verschrauben,

- die Leisten für die Rückseite auflegen und ebenfalls verschrauben,

Möbel montieren

2 Fertig montiertes Regal mit selbst gestalteten Kartons

- die Diagonalverbindungen anschrauben, anschließend Regal aufrichten,

- mit der Wasserwaage den waagerechten und senkrechten Stand prüfen, anschließend Schraubverbindungen festziehen,

- Standfestigkeit prüfen, eventuell die Kanten mit feinem Schleifpapier nacharbeiten.

Das Regal aus naturbelassenem Holz kann farblos oder farbig lackiert werden.

Nun muss das Regal nur noch eingeräumt werden.

Für die Ordnung im Regal können Körbe und selbst gestaltete Kartons hilfreich sein **2**.

Möbel montieren

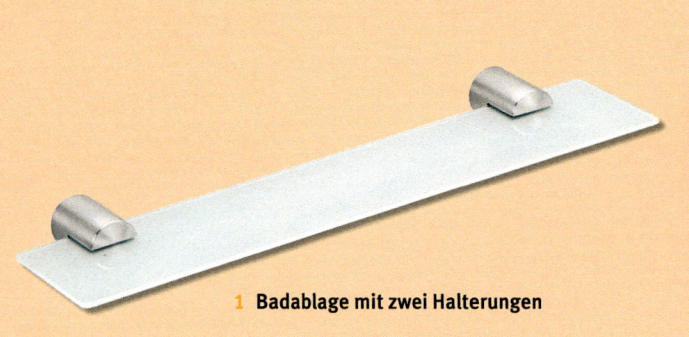

1 Badablage mit zwei Halterungen

> **+** Sollte die Wand gefliest sein, können die Bohrungen für die Dübel in eine Fuge gesetzt werden.
> Beim Bohren sollte eine geringe Drehzahl – das ist die Anzahl der Umdrehungen pro Minute – gewählt werden. So bleiben die Fliesen unbeschädigt.

Eine Ablage anbringen

Im Bad muss noch die Ablage angebracht werden. Es soll als Ablagefläche für Kamm, Bürste und Kosmetik dienen.

Das Anbringen der Ablage ist unkompliziert. Sie besteht aus einer Glasplatte und den beiden Halterungen 1.

Diese müssen eingedübelt werden.
Auch hier hilft die bebilderte Montageanleitung.

Folgende Werkzeuge werden benötigt:

- Gliedermaßstab,
- Wasserwaage,
- Bleistift,
- Akkubohrschrauber oder Bohrmaschine,
- Bohrer,
- zwei Standarddübel.

> Passende Schrauben und Dübel sind meist im Lieferumfang enthalten.

Die Ablage wird in folgenden Schritten angebracht:

- Platz für die erste Halterung festlegen und an der Wand markieren,
- Abstand der Halterungen messen,
- diesen Abstand auf die Wand übertragen,
- Wasserwaage an die Markierungen legen und die waagerechte Ausrichtung prüfen,
- Dübellöcher entsprechend der Dübelstärke und -länge bohren,
- Dübel einsetzen,
- Halterung nach Anleitung befestigen,
- Ablage einschieben und festschrauben.

> **AUFGABE**
> 1. a) Wählen Sie vier Standarddübel aus und ermitteln Sie, welchen Bohrerdurchmesser Sie jeweils bei deren Befestigung wählen müssen.
>
> b) Tragen Sie die Ergebnisse in der Klasse zu einer Gesamtübersicht zusammen.

Möbel montieren

   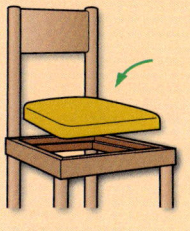

2 Stuhlpolster vorsichtig lösen   **3** Stoff befestigen   **4** Ecken doppelt tackern   **5** Polster einpassen

> **AUFGABE**
>
> 2. Fertigen Sie ein Schnittmuster für ein Stuhlpolster Ihrer Wahl an.
>
> Wie viel Stoff müssen Sie dafür kaufen?

Ein Stuhlpolster neu beziehen

Der alte Stuhl benötigt dringend einen neuen Bezug. Das Stuhlpolster ist bereits abgenutzt. Auch die Farbe passt nicht zur übrigen Einrichtung. Ihm einen neuen Bezug zu verpassen kann doch gar nicht so schwer sein.

Am besten eignet sich ein fester Stoff. Er sollte scheuerbeständig, lichtecht und reißfest sein. Wichtig ist auch sein elektrostatisches Verhalten. Wer bleibt schon gern mit seinem Kleidungsstück am Stuhlpolster kleben?

Und so wird's gemacht:
- altes Sitzpolster vorsichtig mit Schraubendreher und Hammer aus dem Stuhlrahmen lösen 2 ,
- Sitzfläche ausmessen – für den Umschlag einige Zentimeter dazugeben.

| Breiten- und Längenmaße plus Zugabe für den Umschlag ergeben die notwendige Länge und Breite des Stoffes.

- Ein Schnittmuster anfertigen – dazu Längen- und Breitenmaße auf Papier übertragen und ausschneiden,
- Schnittmuster am Stoff feststecken und maßgenau zuschneiden,
- Sitz mit dem Polster nach unten auf den zugeschnittenen Stoff legen und mit dem Tacker auf dem Rahmen befestigen 3 .

| Der Stoff muss gleichmäßig umgeschlagen werden und straff sitzen.

- An den Ecken den Stoff in kleine Falten legen und festtackern,
- eventuell die umgeschlagenen Ecken vorsichtig einschneiden,
- diese danach übereinander legen und mit dem Tacker doppelt anheften 4 ,
- das neu bezogene Polster wieder in den Stuhl einpassen und festschrauben 5 .

| Ein zweites Paar Hände ist beim Beziehen eines Stuhlpolsters Gold wert.

1 Dekorieren mit Lieblingsstücken

4.3 Wohnbereiche gestalten

Räume dekorieren

Nun fehlen nur noch die Kleinigkeiten, die der Wohnung eine persönliche Note geben – sozusagen das i-Tüpfelchen.
Die Wohnung zu dekorieren macht besonderen Spaß.

> Aber Vorsicht beim Dekorieren:
> Oft ist weniger mehr.

Das Farbkonzept des Wohnbereichs wird hauptsächlich durch die Möbel- und Wandfarben bestimmt.

Sind sich die beiden Töne ähnlich, muss ein Farbtupfer als Kontrast her.

Sind Wand und Möbel farblich sehr unterschiedlich, können zur Beruhigung Akzente mit Weiß oder einem hellen Grauton gesetzt werden.

AUFGABE

1. a) Erstellen Sie eine Mind-Map zum Thema Gestaltungsmittel. Als Hauptäste wählen Sie: Textilien, Glas, Wandschmuck, Pflanzen, Lieblingsstücke. Finden Sie dazu je drei Nebenäste.

b) Fügen Sie alle Ergebnisse der Klasse zu einer gesamten Mind-Map zusammen.

> Lebendig und gemütlich werden die Räume erst durch Erinnerungsstücke und unterschiedliche Accessoires.

Vielfältige Anregungen für die Einrichtung oder zum Dekorieren erhält man z. B.:

- in Fernsehsendungen,
- im Internet,
- in Wohnzeitschriften,
- in Einrichtungskatalogen,
- in Wohnungen der Familie oder Freunde,
- in Einrichtungshäusern …

Wohnbereiche gestalten

2 Dekoration mit Nudeln

+ Stellen Sie selbst angefertigte Dekorationsideen vor.

Das Angebot an Dekorationsmaterialien ist sehr vielfältig.

> Einzelne Dekorationsmaterialien kosten meist nicht viel. Doch Vorsicht beim Geldausgeben – es läppert sich.

Viele Dekorationselemente lassen sich für wenig Geld, mit geringem Aufwand und Fantasie selbst gestalten.
Hier einige Anregungen:
- im Wohnbereich ein gerahmtes Lieblingsposter aufhängen,
- große, dicke Kerzen im Glaszylinder auf dem Boden platzieren, auch Steine oder farbiger Sand sind als Untergrund geeignet,
- Kerzen auf eine Schale mit weißen Kieselsteinen oder Kaffeebohnen stellen,
- in der Küche Bilderrahmen mit bunten Nudeln oder Gewürzen aufhängen 4 ,
- eine Fotowand mit laminierten Fotos kann den Flur schmücken,
- im Bad erinnert eine Glasschale mit Sand und Muscheln an Sonne und Meer ...

Besonders preiswerte Bastelmaterialien sind Gips und Pappmaché. Aus ihnen lassen sich Masken, Schalen 3 und Kerzenhalter formen.

AUFGABE

2. Nennen Sie weitere Möglichkeiten, mit kleinen Tricks Ihre Wohnung zu dekorieren.

3. Suchen Sie in der Bibliothek nach Büchern und Zeitschriften oder recherchieren Sie im Internet nach Bastelideen für Accessoires.

Entwickeln Sie eine Projektidee für die Arbeit mit Gips und **Pappmaché**.

3 Schale aus Pappmaché

ZUSAMMENFASSUNG

Umziehen und einrichten

Was muss getan und beachtet werden?

Den Umzug organisieren

- Aufgaben in Etappen planen
- Transport und Helfer sichern
- alles bruchsicher verpacken
- die neue Wohnung vorbereiten
- am Umzugstag die Übersicht behalten
- nach dem Umzug um- und anmelden

Die Möbel montieren

- Bausatz neuer Möbel prüfen
- Arbeitsplatz einrichten
- Möbel nach Montageplan zusammenbauen
- Möbel nach Anleitung an der Wand anbringen
- alte Möbel selbst verschönern

Die Wohnbereiche gestalten

- Dekorationsmaterialien aussuchen
- alles geschmackvoll anordnen
- schöne Dinge aus verschiedenen Materialien selbst anfertigen

Den eigenen Haushalt führen   5

5.1
Die Wohnung pflegen

Wer sorgt für Glanz in der kleinsten Wohnung?

5.2
Zimmerpflanzen pflegen

So bewegen Sie sich voll im grünen Bereich.

5.3
Den Haushalt finanzieren

Haushalten kommt nicht von Haus halten.

1 So soll es lange bleiben

5.1 Die Wohnung pflegen

Geschafft – die Wohnung wurde renoviert und nach eigenem Geschmack eingerichtet 1 . Viel Kraft und Schweiß, Zeit und Geld hat es gekostet. Nun warten neue Herausforderungen – die des Alltags.

Die Wohnung muss gepflegt werden. Jedoch können beim Reinigen mit elektrischen Geräten wie auch bei der alltäglichen Hausarbeit Unfälle passieren. Also Vorsicht und Gefahren vermeiden!

Die Dekoration eines Raumes wird durch Zimmerpflanzen vollendet. An ihnen kann sich jeder erfreuen – auch ohne grünen Daumen.

Die größte Schwierigkeit muss jeder allein meistern – das neue selbstständige Leben finanzieren.

Das wird nicht einfach. Gerade bei jungen Menschen ist das Geld sehr knapp.

Die Hausarbeit planen

Eine saubere Wohnung ist nicht nur für das kritische Auge der Eltern und Gäste wichtig. Sie trägt hauptsächlich zum Wohlbefinden und zur Gesundheit jedes Einzelnen bei.

Dazu muss die Wohnung in regelmäßigen Zeitabschnitten gereinigt und gepflegt werden. Ein gut durchdachter Plan hilft dabei. Er wird in tägliche, wöchentliche und monatliche Aufgaben für die verschiedenen Wohnbereiche gegliedert.

> **AUFGABE**
>
> 1. In der Tab. 1 sind einige Hausarbeiten aufgelistet. Nennen Sie drei weitere und ordnen Sie diese in die richtige Spalte ein.
>
> 2. Erstellen Sie einen Reinigungsplan für den Badputz. Beachten Sie dabei besonders die Reihenfolge der Arbeitsschritte.

Tab. 1: Möglicher Reinigungsplan

Bereiche	täglich	wöchentlich	monatlich
Küche	• Geschirr abwaschen • Fußboden fegen	• Fußboden aufwischen • Abfälle leeren	• Backofen reinigen • alle Flächen abwischen
WC/Toilette	• Waschbecken putzen • Toilette putzen	• Badewanne reinigen • Dusche reinigen	• Fliesen abwischen
Wohn- und Schlafraum	• aufräumen • Betten aufschütteln	• Staub wischen • Boden saugen	• Spinnweben entfernen
Sonstiges	• lüften	• Wäsche waschen • Wäsche bügeln	• Polster absaugen

Alle Beispiele sind nur Anregungen. Jede Tätigkeit kann nach Bedarf erledigt werden.

Der Frühjahrsputz

In jedem Frühjahr bringen die langersehnten Sonnenstrahlen den Winterstaub richtig ans Licht. Ein Frühjahrsputz bringt neuen Glanz in die Wohnung.

Mit einem guten Plan – alles kein Problem.

Für die Putz-Aktion sollte ein Termin festgelegt und die dafür notwendigen Reinigungsmittel und -geräte schon bereitgestellt werden, z. B.:

- Reinigungsmittel,
- Essig,
- Eimer,
- Staubsaugerbeutel,
- Gummihandschuhe,
- Putzlappen,
- Stehleiter ...

Bekanntermaßen passieren die meisten Unfälle im Haushalt. Rutschfeste Schuhe und enganliegende Kleidung tragen dazu bei, Unfälle zu vermeiden.

Und jetzt geht's los.
Systematisches Arbeiten spart Zeit:

- einen Raum nach dem anderen reinigen,
- grundsätzlich von oben nach unten und von hinten nach vorne putzen,
- Rechtshänder arbeiten von rechts nach links rationeller (Linkshänder umgekehrt),
- Staubwischen kommt vor dem Saugen,
- der Fußboden wird zuletzt gereinigt ...

Zur üblichen Reinigung hinzu kommen:

- Türrahmen abwaschen,
- Lampen putzen,
- Gardinen waschen,
- Matratzen absaugen,
- Armaturen von Kalkablagerungen befreien ...

Während des Frühjahrsputzes sind kleine Verschnaufpausen wichtig.

Wenigstens einmal im Jahr sollte die Wohnung gründlich gereinigt werden.

Die Wohnung pflegen

1 Eine Auswahl an elektrischen und nichtelektrischen Haushaltsgeräten

Haushaltsgeräte einsetzen

Im Zeitalter der Technik lassen sich anfallende Reinigungsarbeiten leicht und schnell bewältigen. Unentbehrliche Hilfen sind dabei elektrische wie auch nichtelektrische Geräte 1 .

Soll ein neues Haushaltsgerät angeschafft werden, sind folgende Punkte Entscheidungshilfen:

- der Preis und die Leistung,
- der Energieverbrauch (Sparprogramme),
- die Handhabung,
- die Reinigung und Pflege.

Auch Haushaltsgeräte wollen sachgemäß gepflegt werden.

> Die Pflege der Haushaltsgeräte erhöht ihre Lebensdauer erheblich.

AUFGABE

1. a) Erstellen Sie folgende Tabelle:

Elektrische Geräte	Nichtelektrische Geräte
?	?

b) Ordnen Sie ① bis ⑥ der richtigen Spalte zu.

c) Finden Sie für jede Spalte drei weitere Haushaltsgeräte.

d) Entscheiden und begründen Sie, welche Haushaltsgeräte Sie persönlich bei der Gründung eines eigenen Haushaltes dringend benötigen.

AUFGABE

2. Notieren Sie in Stichpunkten, was zur Pflege eines Staubsaugers gehört.

3. Ein antistatisches Staubtuch nimmt am effektivsten den Staub beim Staubwischen auf. Recherchieren Sie, wie so ein Tuch funktioniert und warum das so ist.

Die Wohnung pflegen

2 Reinigungsmittel

3 Pflegemittel

AUFGABE

4. Benennen Sie je drei handelsübliche Reinigungs- und Pflegemittel und deren Verwendung.

Haushaltsmittel nutzen

Allein der Einsatz von Haushaltsgeräten genügt nicht. Meist müssen zusätzlich Reinigungs- oder Pflegemittel verwendet werden 2 3 .

| Das wichtigste Reinigungsmittel ist das Wasser.

Die Wirksamkeit der Reinigung wird durch den Zusatz von Reinigungsmitteln verstärkt. Sie werden auf dem Markt äußerst vielfältig angeboten.
Für die Auswahl sollten folgende Kriterien gelten:

- vielseitig einsetzbar,
- umweltverträglich,
- ergiebig,
- preisgünstig.

Ein Allzweckreiniger, z. B. Essig, reicht meist aus. Er kann für wasserbeständige Materialien verwendet werden und entfernt sowohl Schmutz, Fett als auch Kalk.

Materialien sollten nicht nur gereinigt, sondern auch gepflegt werden. Das erhöht ihre Haltbarkeit. Alle Pflegemittel wirken abweisend gegen Schmutz, Wasser und Fett.

Auf den Verpackungen sind Hinweise zu den Inhaltsstoffen, zur Anwendung und der **Dosierung** angebracht. Sie müssen unbedingt beachtet werden.

Meist enthalten Reinigungs- und Pflegemittel chemische Zusätze. Sie können die Gesundheit beeinträchtigen 4 und sollten deshalb sicher aufbewahrt werden.

4 Warnsymbole für „gesundheitsschädlich" und „umweltgefährlich"

| Alle Haushaltsmittel verbleiben in der Originalverpackung.

Tab. 1: Pflegesymbole

Symbol	Bedeutung	Beispiel	
⌣	ob gewaschen werden darf, mit welchem Waschprogramm und welcher Waschtemperatur	30	30° Spezialschonwaschgang
⎕	ob und wie heiß gebügelt werden darf	⎕•	nicht heiß bügeln
◯	ob und wie heiß im Trockner getrocknet werden darf	⊙	mit verminderter Wärme trocknen

Textilien reinigen und pflegen

Zur Wohnbereichspflege gehört auch die Pflege der Haushaltstextilien.

Textilien sind meist mit Etiketten versehen, auf denen Pflegesymbole (Tab. 1) zu erkennen sind. Sie geben Hinweise auf die richtige Behandlung der Wäsche beim Waschen, Trocknen, Bügeln oder Reinigen.

Die Textilpflege beginnt bereits vor dem Waschen. Zunächst muss die Wäsche sortiert werden. Grundsätzlich wird zunächst in Weiß- und Buntwäsche getrennt 1 .

> **AUFGABE**
>
> **1.** Begründen Sie mithilfe von Beispielen, warum die Pflegesymbole beachtet werden müssen.

Die Weiß- und Buntwäsche wird anschließend jeweils weiter sortiert nach:

- Textilart, denn empfindliche Textilien aus Wolle oder Seide müssen extra gewaschen werden,
- Verschmutzungsgrad, denn stark verschmutze Wäsche benötigt eine längere Waschzeit,
- Waschtemperatur, sie ergibt sich aus dem aufgedruckten Pflegesymbol des Etiketts.

Die Buntwäsche sollte zusätzlich noch nach Farbigkeit sortiert werden. Besonders rote und schwarze Wäschestücke können anders farbige Sachen verfärben.

Flecken sollten möglichst sofort behandelt werden.

1 Sortieren in Weiß- und Buntwäsche

Die Wohnung pflegen

2 Durch hartes Wasser verkalkter Wasserkocher

AUFGABE

2. Ein Wasserkocher soll entkalkt werden.

a) Füllen Sie 50 ml Essig-Essenz und 500 ml Wasser in den Wasserbehälter.

b) Stellen Sie das Gerät an und lassen Sie das Essig-Wasser-Gemisch kochen. Wiederholen Sie diesen Vorgang dreimal.

c) Füllen Sie anschließend klares Wasser ein und spülen Sie ihn zweimal aus.

d) Beschreiben Sie Ihre Beobachtungen.

Die sortierte Wäsche wird nun in die Trommel der Waschmaschine gegeben.
Zugesetzt werden Waschmittel und eventuell Weichspüler.
Anschließend kann der Waschvorgang durch die Wahl des geeigneten Waschprogramms gestartet werden. Hilfreich sind hier wieder die Pflegesymbole.

Nach dem Waschgang müssen die Textilien trocknen. Danach wird die Wäsche:

- geordnet,
- wenn nötig gebügelt und
- ordentlich zusammengelegt.

Geld, Energie und Wasser lassen sich bei jedem Waschgang sparen, wenn z. B.:

- die Waschmaschine voll beladen wird,
- die Waschtemperatur zwischen 30 °C und 60 °C beträgt,
- die Wasserhärte beachtet und
- Essig als Weichspülerersatz verwendet wird.

Essig – eine gute Alternative

Essig ist ein altes, fast vergessenes Hausmittel. Er ist nicht nur umweltfreundlich, sondern:

- sehr kostengünstig und überall in gleicher Qualität erhältlich,
- im Vergleich zum Weichspüler treten selten Hautprobleme auf,
- die Textilien bleiben weich,
- die Farben werden aufgefrischt und verblassen nicht,
- Kalkablagerungen in Haushaltsgeräten werden verhindert.

+

Enthält Wasser wenig Kalk, wird es als „weiches Wasser" bezeichnet. Wasser mit viel Kalk nennt man dagegen „hartes Wasser".

Recherchieren Sie, wie hart bzw. weich das Wasser in Ihrer Region ist.

1 Unfall beim Renovieren

2 Unfall beim Fensterputzen

Arbeitssicherheit

Auf dem Weg zur und von der Schule oder zur und von der Arbeit, in der Freizeit oder im Urlaub ist niemand vor Unfällen geschützt.

Besonders viele Unfälle passieren bei Arbeiten im Haushalt 1 und 2.
Die häufigsten sind:

- Stürze,
- Ausrutschen und Stolpern,
- Brände,
- Vergiftungen,
- Verätzungen.

Ursachen für Unfälle im Haushalt können sein:

- Leichtsinnigkeit,
- mangelnde Konzentration oder Ermüdung,
- Überschätzen der eigenen Fähigkeiten,
- ungenügende Beleuchtung,
- schlechte Einrichtung des Arbeitsplatzes,
- Zeitdruck,
- Erledigung mehrerer Aufgaben gleichzeitig,
- das Nichtbeachten von Sicherheitsvorschriften.

Durch Unfälle können bleibende körperliche Beeinträchtigungen entstehen. Unfälle mit Todesfolge kommen im Haushalt sogar häufiger vor als im Straßenverkehr.

Und nicht nur die eigene Gesundheit und das eigene Leben, sondern auch andere Personen können gefährdet werden.

> **Auch im Haushalt können kleine Ursachen große Wirkungen haben.**

AUFGABE

1. In 1 und 2 sind Beispiele für Haushaltsunfälle abgebildet.

a) Notieren Sie drei weitere Beispiele für Unfälle im Haushalt.

b) Stellen Sie diese der Klasse vor und diskutieren Sie darüber.

Die Wohnung pflegen

Notruf	
Polizei	110
Feuerwehr	112
Notarzt	113

4 Die wichtigsten Rufnummern für den Notfall

Eine Hausapotheke sollte immer abschließbar sein.

Schloss

3 Hausapotheke mit Schloss

Deshalb müssen unbedingt Maßnahmen zur Unfallverhütung getroffen werden:

- Erkennen der Unfallursachen,
- die Beseitigung von Unfallursachen, z. B. keine Nutzung defekter Geräte,
- die Nutzung von Schutzeinrichtungen an Geräten, z. B. der Ausschaltmechanismus bei Wasserkochern,
- die Verwendung von Hilfsmitteln für den eigenen Körperschutz, z. B. die Nutzung von Topflappen 5 .

Trotz aller Vorsicht kann es zu Unfällen kommen. Deshalb sollte in jedem Haushalt eine kleine Hausapotheke 3 für den Notfall vorhanden sein. Der Bestand einer Hausapotheke muss regelmäßig auf das Verfallsdatum geprüft und nicht mehr Benötigtes zur Apotheke oder zum Sondermüll gebracht werden.

AUFGABE

2. Recherchieren Sie, womit eine Hausapotheke bestückt sein sollte. Erstellen Sie eine Liste.

3. In Ihrer Gruppe ist es sicher schon einmal zu einem Arbeitsunfall gekommen.

a) Beschreiben Sie alle Maßnahmen nach einem Unfall in der zeitlichen Folge.

b) Warum finden Belehrungen regelmäßig statt?

5 Schutz für die Hände

1 Gießen

2 Umtopfen

3 Düngen

5.2 Zimmerpflanzen pflegen

Pflanzen tragen zur Verschönerung und Dekoration der Wohnung bei.

Sie verbessern außerdem das Raumklima, weil sie **Kohlenstoffdioxid** verbrauchen und Sauerstoff abgeben.

Zimmerpflanzen können in Erde oder als **Hydrokultur** in Tongranulat gedeihen.

Alle Pflanzen bedürfen einer unterschiedlichen Pflege, denn sie haben jeweils andere Ansprüche an:

- Licht,
- Wärme,
- Wasser,
- Luft,
- Nährstoffe.

> **Genaue Kenntnisse über die einzelnen Pflanzen helfen dabei, ihren Ansprüchen zu genügen.**

Die Pflanzen sollen möglichst lange leben, kräftig wachsen und gegebenenfalls blühen. Deshalb müssen sie regelmäßig gepflegt werden. Dazu gehören:

- das Gießen 1,
- das Umtopfen 2,
- das Düngen 3,
- die Reinigung des Blattwerks 4,
- das Besprühen 5 und
- die Schädlingsbekämpfung 6.

Regelmäßiges Gießen heißt das A und O der Pflanzenpflege.

Jede Pflanze hat einen anderen Wasserbedarf: In der Sonne oder in warmen Zimmern stehende Pflanzen brauchen viel Wasser.

Im Schatten oder in kühlen Räumen stehende Pflanzen benötigen weniger Wasser.

> **Staunässe im Topf vertragen die meisten Pflanzen nicht.**

4 Blattwerk reinigen   **5** Besprühen   **6** Schädlinge bekämpfen

Für das Wachstum benötigen die Pflanzen Nährstoffe. Diese werden der Pflanze durch Düngen zugeführt.

> Im Sommer werden die Pflanzen etwa alle drei Wochen, im Winter einmal im Monat gedüngt.

Pflanzen atmen über ihre Blätter. Deshalb ist die regelmäßige Reinigung der Blattober- und -unterseiten notwendig. Dazu eignen sich ein sauberer Schwamm und lauwarmes Wasser.

> Das Reinigen der Pflanzenblätter erfolgt bei Bedarf.

Bei geringer Luftfeuchtigkeit im Raum wollen manche Pflanzen auch besprüht werden. Das Sprühwasser darf nicht zu kalt sein. Am besten eignet sich dazu Regenwasser, weil es wenig Kalk enthält.

> Das Besprühen von Pflanzen sollte im Schatten erfolgen – sonst droht ein „Sonnenbrand".

Sind Schädlinge vorhanden, können sie umweltfreundlich ohne chemische Zusätze bekämpft werden, z. B. mit

- Seifenwasser oder
- einem Sud aus Wasser und abgekochten Zwiebelschalen.

AUFGABE

1. Erkundigen Sie sich im Blumenladen oder in einem Gartencenter nach den jeweiligen Standortansprüchen und Pflegehinweisen der Birkenfeige, des Einblatts und des Flammenden Käthchens.

2. Überlegen Sie, warum eine Pflanze durch Besprühen in der Sonne einen „Sonnenbrand" bekommen kann.

> Die individuellen Pflegehinweise für jede Pflanze müssen unbedingt Beachtung finden.

1 Eine Wohnung will finanziert sein

5.3 Den Haushalt finanzieren

Ein Haushaltsbuch führen

Wie Monat für Monat das Geld für den Haushalt und die Extrawünsche reicht, will gelernt sein 1 . Auch müssen Erfahrungen im Umgang mit dem Geld gesammelt werden.

Eine Hilfe kann dabei ein Haushaltsbuch 2 sein. Es sollte zumindest in den ersten Monaten nach Einzug in die erste eigene Wohnung regelmäßig und ehrlich geführt werden.

Geeignete Vordrucke oder Haushaltsbücher gibt es bei Banken, Sparkassen oder den Verbraucherzentralen 3 . Teilweise kosten diese jedoch Geld.

Ein Haushaltsbuch kann sich jeder selbst herstellen. Dazu eignet sich ein ganz normales Heft.

In diesem wird eine Tabelle zu folgenden Angaben angelegt:

- Einnahmen und
- Ausgaben.

2 Das Haushaltsbuch ist eine Hilfe

3 Haushaltsbuch der Verbraucherzentrale

Den Haushalt finanzieren

Tab. 1: Haushaltsbuch – Einnahmen

Einnahmen ①	Januar	Februar	März	...
BAB	?	?	?	?
...	?	?	?	?
...	?	?	?	?
...	?	?	?	?
...	?	?	?	?
...	?	?	?	?
...	?	?	?	?
...	?	?	?	?
Gesamtsumme	②	②	②	②

Einnahmen ermitteln

Bevor Geld ausgegeben werden kann, muss es eingenommen werden. Regelmäßige Einnahmen sind für die Finanzierung eines Haushaltes deshalb unentbehrlich.
Die monatlichen regelmäßigen Einnahmen können sich wie folgt zusammensetzen:

- Arbeitsentgelt (Netto),
- BAB (BerufsAusbildungsBeihilfe),
- BAFÖG (BundesAusbildungsFÖrderungsGesetz),
- Wohngeld,
- Kindergeld,
- Elterngeld,
- Unterhalt,
- Arbeitslosengeld,
- Sozialhilfe,
- Rente,
- Zinsen aus Spaguthaben ...

Einmalige Zahlungen von Behörden oder das Geldgeschenk eines Verwandten sind als Einnahmen möglich.

AUFGABE

1. Beim Arbeitsentgelt wird zwischen Brutto- und Nettoentgelt unterschieden. Was bedeuten beide Begriffe?

2. Ein Jugendlicher (Einzelkind) erhält BAB in Höhe von 265,86 € und Kindergeld von seinen Eltern. Außerdem geben die Großeltern monatlich 20,00 € dazu.

Errechnen Sie das monatliche Gesamteinkommen des Jugendlichen.

Die erste Aufgabe besteht im Auflisten aller vorhandenen Einnahmen je Monat in die entsprechende Spalte ① (Tab. 1). Anschließend werden die Einnahmen addiert. Diese Summe stellt den insgesamt zur Verfügung stehenden Betrag für einen Monat dar ②.

> Das monatliche Einkommen ist die Summe aller Einnahmen.

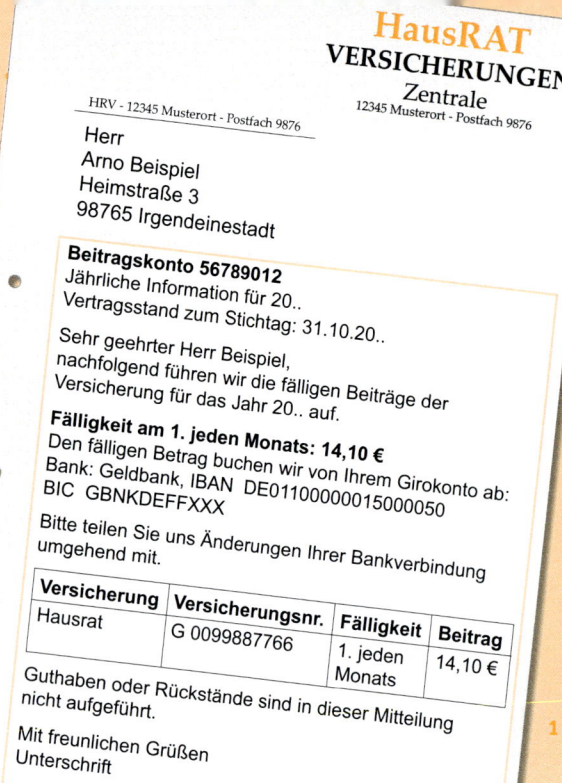

Tab. 1: Haushaltsbuch – Ausgaben – Fixkosten

Fixkosten ①	Januar	Februar	...
Miete	?	?	?
...	?	?	?
...	?	?	?
...	?	?	?
...	?	?	?
...	?	?	?
...	?	?	?
Gesamtsumme	②	②	②

1 Rechnung einer Hausratversicherung

Ausgaben erfassen und kontrollieren

Geld kann gar nicht so schnell verdient werden, wie es ausgegeben ist. Wem geht es nicht so? Hier mal ein Döner unterwegs, da ein Handytelefonat. Schnell sind auch kleine Spontankäufe getätigt.

Meist schon vor Monatsende stellt sich die Frage nach dem Verbleib des Geldes. Antwort darauf gibt die Ermittlung aller Ausgaben.

Begonnen werden sollte immer mit der Auslistung aller festen Ausgaben. Sie fallen regelmäßig an. Das sind z. B.:

- Miete + Nebenkosten,
- Strom, Gas,
- GEZ-Gebühren (Funk und Fernsehen),
- Versicherungen (z. B. Haftpflicht-, Hausrat-),
- Fahrkosten / Auto...

> Regelmäßig anfallende feste Kosten werden Fixkosten genannt.

AUFGABE

1. Nennen Sie drei weitere Beispiele für Kosten, die jährlich, halbjährlich oder vierteljährlich anfallen können.

2. Für die Hausratversicherung 1 muss ein Monatsbetrag gezahlt werden. Errechnen Sie die Jahresbelastung.

Meist werden diese Beträge monatlich vom Konto abgebucht. Deshalb müssen die Kontoauszüge regelmäßig kontrolliert werden.

Es gibt auch Fixkosten, die jährlich, halb- oder vierteljährlich gezahlt werden müssen. Dazu gehören z. B. die Versicherungen. Diese Beträge sollten auf die monatliche Belastung umgerechnet werden. Alle anfallenden Fixkosten werden im Hauhaltsbuch (Tab. 1) in die entsprechende Spalte ① eingetragen. Diese Kosten werden addiert. Ergebnis sind die Fixkosten je Monat ②.

Den Haushalt finanzieren

Tab. 2: Haushaltsbuch – Ausgaben – variable Kosten

Datum	Lebensmittel	Bekleidung	Körperpflege	Freizeit	...
?	? ③	? ③	? ③	? ③	? ③
?	?	?	?	?	?
?	?	?	?	?	?
?	?	?	?	?	?
Zwischensumme Woche 1	?	?	?	?	?
Zwischensumme Woche 2	?	?	?	?	?
Monatssumme	④	④			④

AUFGABE

3. Legen Sie Ihr eigenes Haushaltsbuch mit Ihren persönlichen Kategorien an.
Tragen Sie alle variablen Kosten einer Woche ein.

Alle monatlichen Einnahmen sind erfasst und sämtliche Fixkosten ermittelt.
Nun werden die festen Ausgaben vom monatlichen Einkommen subtrahiert.

    Summe der Einnahmen
− Summe der Fixkosten
= Betrag für variable Kosten

Der errechnete Betrag steht für den Monat als „Budget zum Leben" zur Verfügung, z. B. für:

- Nahrungs- und Genussmittel,
- Bildung und Unterhaltung,
- Bekleidung,
- Körperpflege und Gesundheit,
- Mobiliar,
- Rücklagen...

Die Höhe des Betrages für diese Ausgaben fällt jeden Monat anders aus.

Veränderliche Ausgaben werden variable Kosten genannt.

Nun ist die Auflistung wirklich aller, auch der scheinbar unwichtigsten variablen Kosten notwendig.

Dazu sollten im Haushaltsbuch Kategorien ③ festgelegt werden, wie z. B. in (Tab. 2). Diesen Kategorien können die Einzelpositionen zugeordnet werden, z. B. Brot, Nudeln in die Kategorie Nahrungsmittel.

Für fast alles, was so täglich erworben wird, gibt es Kassenzettel, Quittungen o. Ä. Es ist empfehlenswert, sie zu sammeln und die Beträge in möglichst kurzen Zeitabständen, z. B. alle 14 Tage, ins Haushaltsbuch einzutragen.

Am Ende des Monats werden diese tatsächlichen variablen Kosten addiert ④. Die Summe wird nun vom Budget für variable Kosten abgezogen:

    Budget für variable Kosten
− tatsächliche variable Kosten
= persönlicher Saldo

1 Ist der Saldo ausgeglichen?

2 Belege werden gesammelt

Ein Saldo größer als Null steht für einen ausgeglichenen Haushalt 1 .

Liegt er dagegen im Minusbereich, ist der Haushalt in Schieflage.

In diesem Fall sollten alle Ausgaben genau auf ihre Notwendigkeit hin geprüft werden.

Folgende Tipps helfen bei der Führung eines Haushaltsbuches:

- alle Belege und Rechnungen sammeln 2 ,
- die Kontoauszüge regelmäßig (alle 14 Tage) kontrollieren und abheften,
- alle Ausgaben möglichst täglich eintragen,
- wöchentliche Zwischenabrechnungen durchführen,
- monatliche Gesamtabrechnungen durchführen.

Das Haushaltsbuch sollte möglichst über eine längere Zeit geführt werden. Dann gibt es einen Überblick, wofür das Geld ausgegeben wurde.

! **Das Haushaltsbuch bewahrt vor Schulden und hilft beim Sparen, wenn es ehrlich und regelmäßig geführt wird.**

Schwachstellen in der Haushaltsführung werden schnell aufgedeckt. Es können Einsparungen in den betreffenden Positionen vorgenommen werden.

So kann für Rücklagen – Sparen – am Monatsende Geld übrig bleiben.

3 Rücklagen bilden

4 Pizzawerbung

Mit dem Geld haushalten

Beim Einkauf lockt ein vielfältiges und unübersichtliches Warenangebot.
Da fällt es oft schwer, sich auf die wirklich notwendigen Dinge zu konzentrieren.

Vor dem Kauf sollten die Produkte unbedingt miteinander verglichen werden.
Die Werbung bietet eine Möglichkeit, das Warenangebot kennen zu lernen.

Sie dient nicht nur der Information, sondern beeinflusst auch das Einkaufsverhalten. Durch die Werbung soll der Verbraucher zum Kaufen bewegt werden. Sie weckt Wünsche, die bisher nicht existiert haben.

Einige Produkteigenschaften werden in den Vordergrund gestellt. Negative Eigenschaften werden jedoch verschwiegen. So entsprechen die Darstellungen nicht immer den Tatsachen.

Werbeangebote müssen besonders kritisch geprüft werden.

AUFGABE

1. Tragen Sie fünf Werbeslogans zusammen. Welche Wünsche und Sehnsüchte sollen durch diese Slogans geweckt werden?

2. Werbetexte enthalten oft Adjektive (Eigenschaftswörter). Sie sollen dem Kunden das Produkt besonders schmackhaft machen. Suchen Sie alle Adjektive im Werbetext 4 heraus.

3. Wählen Sie ein Produkt aus, z. B. ein Getränk. Machen Sie dafür Werbung. Gestalten Sie ein Werbeplakat und präsentieren Sie es.

 Informationshilfen für die Produktprüfung bieten z. B. die:
- Verbraucherzentralen,
- Stiftung Warentest,
- Arbeitsgemeinschaft der Verbraucher e.V. (AGV).

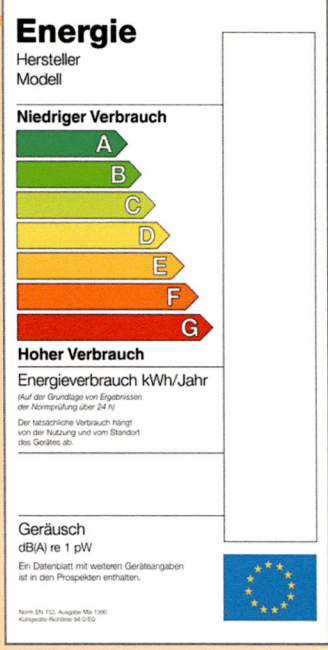

1 Sparmöglichkeiten in einem Haushalt

Insbesondere bei der Anschaffung teurer Produkte müssen Preis und Leistung verschiedener Anbieter genau verglichen werden.

Der Anbieter mit dem niedrigsten Preis ist nicht unbedingt der günstigste. Neben dem Preis sind auch Leistungen für den Kauf entscheidend wie:

- Kundendienst,
- Fachberatung,
- Lieferbarkeit,
- Herstellergarantie.

Möbel- und Bekleidungsstücke oder elektrische Haushaltsgeräte sind größere Anschaffungen. Kaum jemand kann die Beträge dafür so einfach nebenbei aufbringen. Dafür ist eine langfristige Planung notwendig. Sie müssen angespart werden.

> Das Sparen von Geld ermöglicht den Kauf von teuren Gegenständen.

AUFGABE

1. a) Welche Möglichkeiten des Sparens bei festen Kosten (Seite 92) sind Ihnen bekannt?

b) Gestalten Sie ein Plakat zum Thema.

In einem Haushalt gibt es vielfältige Einsparmöglichkeiten **1**:

- Fenster abdichten,
- Stoßlüften,
- Wasser nicht unnötig laufen lassen,
- Wasser nur so heiß wie nötig einstellen,
- beim Abdrehen Mischhebel des Wasserhahns immer auf „kalt" drehen,
- nicht benötigte Lichtquellen ausschalten,
- nicht benötigte Geräte komplett ausschalten (kein Standby),
- die Topfgröße entsprechend der Herdplattengröße wählen …

Den Haushalt finanzieren

2 Einen Einkaufszettel schreiben

3 Ein Einkaufszettel an der Pinnwand

Einen Einkaufszettel erstellen

Besonders groß sind die Möglichkeiten des Sparens bei den variablen Kosten. Ist das Haushaltsbuch gut geführt, sind „Geldfresser" sehr schnell aufgespürt.

Einkaufen kann verführen. Nur allzu schnell landet wieder mal eine Ware im Einkaufskorb, die man eigentlich nicht benötigt. Das Budget wird unnötig belastet.

Mit einem Einkaufszettel 2 lässt sich der Einkauf planen. So wird zielgerichtet nur das gekauft, was gebraucht wird. Außerdem kann diese schriftliche Gedächtnisstütze davor bewahren, etwas zu vergessen.

Wenn der Einkaufszettel an der Pinnwand 3 hängt, können notwendige Einkäufe sofort ergänzt werden.

> Wird das Budget eingehalten, reicht das Geld auch noch am Monatsende.

AUFGABE

2. Stellen Sie Ihre Einkaufsliste für die wichtigsten Einkäufe einer Woche schriftlich zusammen.

a) Ordnen Sie Ihre Einkaufsliste nach Lebensmittel, Körperpflegemittel und Sonstiges.

b) Schätzen Sie die Höhe der Gesamtausgaben.

c) Überprüfen Sie die Richtigkeit Ihrer Schätzung in einer Einkaufsmöglichkeit Ihrer Wahl.

3. a) Fertigen Sie eine Tabelle an.

Einkauf	
wöchentlich	monatlich
?	?

b) Nennen Sie 15 Waren des täglichen Bedarfs und ordnen Sie diese nach wöchentlichem und monatlichem Einkauf.

ZUSAMMENFASSUNG

Den eigenen Haushalt führen — Was muss getan und beachtet werden?

Die Wohnung pflegen

- Hausarbeit planen
- Haushaltsgeräte einsetzen
- Haushaltsmittel nutzen
- Textilien reinigen und pflegen
- Arbeitssicherheit beachten

Zimmerpflanzen pflegen

- Standorthinweise beachten
- Pflegehinweise umsetzen

Den Haushalt finanzieren

- ein Haushaltsbuch führen
- Einnahmen ermitteln
- Ausgaben erfassen und kontrollieren
- Sparmöglichkeiten nutzen

Eine Einweihungsparty organisieren   6

6.1
Zeit zum Feiern und Danke sagen

Eine schöne Art, Danke zu sagen.

6.2
Kleine Snacks und Getränke bereitstellen

Angepackt und selbst gemacht.

6.3
Die Hausordnung beachten

So lässt es sich gut wohnen.

Zeit zum Feiern und Danke sagen

1 Eine Einweihungsparty feiern

6.1 Zeit zum Feiern und Danke sagen

Es ist vollbracht – alle Herausforderungen auf dem Weg in die eigenen vier Wände wurden erfolgreich gemeistert.

Nicht alles war im Alleingang möglich.

Deshalb soll allen Helfern für ihre fleißige Arbeit gedankt werden, sei es für die Hilfe:

- bei den Vorbereitungen,
- beim Umzug oder
- die finanzielle Unterstützung.

Aber wie alle Helfer unter einen Hut bringen? Das gelingt am besten mit einer Einweihungsparty 1 in der neuen Wohnung oder im Mietergarten.

Dazu können auch die Nachbarn eingeladen werden. Eine gute Gelegenheit, sich vorzustellen und gegenseitig kennen zu lernen.

Die Einweihungsparty planen

Als Erstes wird der Termin festgelegt. Es soll ja ein Fest für alle Helfer sein. Deshalb wäre ein Termin am Wochenende besonders günstig. Steht der Termin, kann alles Weitere geplant werden:

- Gästeliste,
- Ort der Party,
- Umfang der Party,
- Speisen und Getränke,
- Helfer,
- Einladungen,
- Nachbarn informieren und/oder einladen …

AUFGABE

1. Sie sind umgezogen und wollen eine Einweihungsparty ausrichten.

a) Notieren Sie Ihre Gedanken zu den oben genannten Punkten.

b) Stellen Sie Ihr Ergebnis in der Klasse zur Diskussion.

Zeit zum Feiern und Danke sagen

2 Kaltes Buffet

3 Einladung zur Einweihungsparty

Was soll es nun zu essen und zu trinken geben? Die Geschmäcker sind bekanntlich verschieden. Aber man kann es nicht jedem Recht machen.

Deshalb ist ein kaltes Buffet 2 mit verschiedenen Speisen zu dieser Gelegenheit eine geniale Idee.

Der Vorteil eines Buffets liegt darin, dass bei Eintreffen der Gäste bereits alle Getränke und Speisen vorbereitet sind und bereitstehen.

Jeder Gast bedient sich am Buffet selbst und findet bestimmt auch etwas für seinen Geschmack.

Eine Party allein vorzubereiten und zu organisieren, bedeutet viel Arbeit und Zeit. Auch hier können bestimmt wieder Freunde helfen. Die lassen sich sicher schnell finden.

Soll Hilfe hilfreich sein, muss sie geplant werden.

Einladungen gestalten

Damit die Party auch ein voller Erfolg wird, muss die Einladung der Gäste rechtzeitig erfolgen. Das kann sowohl mündlich als auch schriftlich geschehen. Bei mündlichen Einladungen besteht die Gefahr, dass der Termin vergessen wird. Deshalb ist in diesem Fall die schriftliche Einladung von Vorteil. Sie enthält die wichtigsten Daten:

- Ort,
- Datum,
- Uhrzeit.

Mit der persönlichen Gestaltung der Einladung fühlen sich die Gäste willkommen 3 .

AUFGABE

2. Gestalten Sie eine persönliche Einladung zur Einweihungsparty. Alle Angaben denken Sie sich selbst aus.

Als Anregung kann Ihnen 3 dienen.

1 Den finanziellen Rahmen prüfen

6.2 Kleine Snacks und Getränke bereitstellen

Den finanziellen Rahmen prüfen

Bevor die Zutaten für die Speisen und auch die Getränke eingekauft werden können, muss der finanzielle Rahmen geprüft und festgelegt werden 1 .

Ein Kassensturz 2 gibt Auskunft über die momentane Finanzlage. Dazu wird alles vorhandene Geld offengelegt.

Die Fixkosten und die variable Kosten für den Monat werden vom monatlichen Einkommen abgezogen. Der errechnete Betrag steht für die Einweihungsparty zur Verfügung.

> **AUFGABE**
>
> **1.** Was verstehen Sie unter den Begriffen „Fixkosten" und „variable Kosten"? Notieren Sie die Bedeutung der Begriffe.
>
> Hilfe bietet Kapitel 5.3.

Noch immer kann es nicht zum Einkaufen gehen. Vorher sollte klar sein, wie viel Geld für Essen und wie viel für die Getränke ausgegeben werden soll. Auch für die Dekoration wird Geld benötigt 3 .

2 Einen Kassensturz durchführen

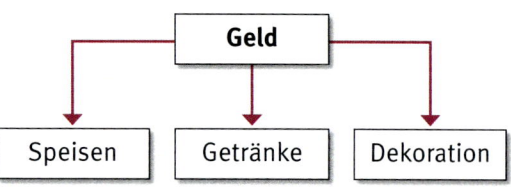

3 Das Geld muss reichen

Kleine Snacks und Getränke bereitstellen

Checkliste

Frikadellenrezept
- ☑ 750 g gemischtes Hackfleisch
- ☑ 1 altes Brötchen (in Milch eingeweicht)
- ☑ 2 kleine Zwiebeln
- ☑ 1 Ei
- ☑ Salz
- ☑ Pfeffer
- ☑ Kümmel

4 Frikadellen mag fast jeder

5 Ein Rezept für 4 Personen

Die Speisen und Getränke für das kalte Buffet auswählen

Was aber soll nun aufs Buffet? Die Speisen sollten möglichst:

- preisgünstig,
- leicht herzustellen,
- allgemein beliebt und
- abwechslungsreich sein.

AUFGABE

2. Wählen Sie geeignete Speisen unter Berücksichtigung der genannten Punkte für das Buffet einer Einweihungsfeier aus.

a) Stellen Sie Ihre Auswahl in einer Tabelle zusammen.

Speise	Begründung
?	?

b) Begründen Sie Ihre Auswahl mithilfe der oben genannten Aufzählungspunkte.

AUFGABE

3. Zu Ihrer Einweihungsparty sind zehn Gäste geladen. Sie möchten auch Frikadellen 4 anbieten. Berechnen Sie die Zutaten des Frikadellenrezeptes 5 für zehn Personen.

Über die Menge jeder einzelnen Speise entscheidet die Anzahl der Gäste. Für die ausgewählten Speisen müssen nun die Zutaten aufgelistet werden. Hilfe bieten hier Kochbücher. Darin stehen die Zutaten und für wie viele Personen das Rezept ausreicht. Für jede Speise werden die benötigten Zutaten ermittelt.

> Die Menge der Zutaten muss auf die Anzahl der Partygäste abgestimmt werden.

Auf die Einkaufsliste kommt nur, was der Vorratsschrank nicht hergibt. Geschafft: Damit wäre der erste Einkaufszettel vollständig.

Kleine Snacks und Getränke bereitstellen

1 Getränke für eine Einweihungsfeier

Nun fehlt noch die Liste für die Getränke **1**. Alkoholfreie Getränke gehören dazu, z. B.:

- Wasser,
- Cola,
- Fruchtsaft ...

Einige Getränke können kostengünstig selbst hergestellt werden, z. B. ein Fruchtsaft aus

- Wasser,
- Sirup je nach Geschmack,
- Eiswürfel.

Wasser und Sirup werden gemixt.
Das Verhältnis von Wasser zu Sirup bestimmt der Geschmack. Bevor die Gäste kommen, werden die Eiswürfel dazugegeben.

> **AUFGABE**
> 1. Nennen Sie ein weiteres kostengünstiges alkoholfreies Getränk. Welche Zutaten werden benötigt? Beschreiben Sie die Herstellung.

Die Party gestalten

Speisen und Getränke sind für eine Party wichtig. Außerdem ist Einfallsreichtum bei der Dekoration **3** gefragt. Dazu gehören:

- Kerzen,
- Servietten,
- Trinkhalme ...

> **AUFGABE**
> 2. Ergänzen Sie die Liste der Dekorationsmittel mit Ihren eigenen Ideen.

Dekorieren mit Kerzen schafft eine gemütliche **Atmosphäre**. Hier ein kleiner Tipp.

Die Teelichter einfach in die Gläser stellen, anzünden – fertig.

2 Dekoration mit Teelicht

Kleine Snacks und Getränke bereitstellen

3 Dekoration für die Party

4 Welches Geschirr ist richtig?

Bleibt noch die Frage nach dem Geschirr und dem Besteck 4 . Damit sind junge Leute noch nicht im Überfluss ausgestattet.

Es könnte alles eingekauft werden. Doch das würde wahrscheinlich den Finanzrahmen sprengen.

AUFGABE

3. Auch Ihnen geht es so. Sie können entweder Papp- und Plastikgeschirr/Besteck kaufen oder Geschirr und Besteck bei Eltern oder Freunden borgen.

Wie würden Sie sich entscheiden? Begründen Sie Ihre Meinung.

Alle Entscheidungen wurden getroffen. Die Einkaufsliste ist vollständig. Der Einkauf kann beginnen.

| Achtung:
| Vor dem Einkauf müssen unbedingt
• die Preise verglichen werden.

Die Party feiern

Der Stress des Umzugs und der Vorbereitungen für die Einweihungsparty sind schon fast vergessen.

Nun kann gefeiert werden. Da heißt es nur noch Spaß haben, um anschließend durchzustarten in das unbekannte, aufregende und schöne, neue Leben. Damit auch alle Spaß haben, muss der Gastgeber:

- sich um seine Gäste kümmern,
- auf die Lautstärke der Musik achten, damit man sich auch unterhalten kann ...

AUFGABE

4. Jeder wünscht sich eine gelungene Party und hat seine eigenen Vorstellungen zum Ablauf.

Tragen Sie Ihre Ideen und Wüsche schriftlich zusammen und diskutieren Sie in der Klasse darüber.

Hausordnung

Lärm:
- Jeder Mieter ist dafür verantwortlich, dass vermeidbarer Lärm in der Wohnung, im Haus und auf dem Grundstück unterbleibt. Besondere Rücksichtnahme gilt in der Zeit von 13:00 bis 15:00 Uhr und zwischen 22:00 Uhr und 06:00 Uhr. Fernsehen, Radio, CD-Player etc. sind auf Zimmerlautstärke einzustellen.
- Bei Feiern aus besonderem Anlass sollten alle Mitbewohner rechtzeitig informiert werden.

Sicherheit:
- Aus Sicherheitsgründen sind Haustüren, Kellereingänge und Hoftüren in der Zeit von 22:00 bis 06:00 Uhr ständig geschlossen zu halten.
- Das Grillen mit Holzkohle ist auf dem Balkon grundsätzlich nicht gestattet. Zum Grillen steht eine geeignete Fläche unweit des Gebäudes zur Verfügung.
- Das Lagern von feuergefährlichen, leicht entzündbaren sowie Geruch verursachenden Stoffen im Keller oder auf dem Dachboden ist untersagt.

1 Auszug aus einer Hausordnung

6.3 Die Hausordnung beachten

Die Hausordnung lesen und verstehen

Zu jedem Mietvertrag gehört auch eine Hausordnung.

> Die Hausordnung regelt das Zusammenleben der Mitbewohner eines Hauses.

Die Hausordnung enthält Aussagen zu:

- Lärm,
- Kinder,
- Sicherheit,
- Reinigung …

Ärger mit den Nachbarn vermeiden

Wer die Regeln des Zusammenlebens akzeptiert und einhält, kann Ärger mit den Nachbarn vermeiden.

2 Gestörte Nachtruhe

AUFGABE

1. Lesen Sie die Hausordnung 1. Worauf müssen Sie bei der Party achten? Notieren Sie Ihr Ergebnis in Stichpunkten.

AUFGABE

2. Sie möchten keinen Ärger und beschließen, die Nachbarn über die Einweihungsparty zu informieren.

a) Schreiben Sie einen entsprechenden Brief.

b) Entwerfen Sie ein Plakat, das alle Mieter im Haus über die Party informiert.

ZUSAMMENFASSUNG

Eine Einweihungsparty bringt Spaß und gute Laune.
Sie bietet auch jedem die Möglichkeit, seinen Helfern auf eine besonders schöne Art und Weise Dank zu sagen.
Die Party wird ein Erfolg und bleibt allen Beteiligten in guter Erinnerung, wenn folgende Punkte beachtet werden:

Was muss getan und beachtet werden?

Die Einweihungsparty planen

- Datum, Ort und Uhrzeit festlegen
- Gästeliste anfertigen
- Einladungen schreiben und verteilen
- Speisen und Getränke auswählen
- Freunde um Hilfe bitten

Die Einweihungsparty vorbereiten

- Finanzen prüfen
- Einkaufsliste schreiben
- Preise vergleichen
- einkaufen
- Speisen und Getränke bereitstellen

Die Party feiern

- für Musik sorgen
- Unterhaltung, z. B. Spiele, organisieren

Streit mit den Nachbarn vermeiden

- Nachbarn informieren oder auch einladen
- Hausordnung beachten

Alles erledigt? – Die Party kann steigen!

Register

A
Abkürzung 10
Accessoires 76
Akzent 76
Allzweckreiniger 83
Anmeldung 68
Anzeige 7 ff.
Arbeitssicherheit 86 f.
Assoziation 30
Atmosphäre 104
Ausgaben 92 ff.

B
Bankkarte 52
Bargeld 52
Barzahlung 52
Baueinheit 70
Behörde 68
Beleg 56
Betriebskosten 12
BIC 24
Budget 10, 93
Buffet 101
Bügeln 84
Bürgeramt 11, 68 f.

C
Checkliste 16, 62
Chiffre 14

D
Dauerauftrag 25
Dekoration 77, 104
dekorieren 76
Diagonalverbindung 73
Dichtstoff 37
Dispersionsfarbe 33, 42
Dosierung 83
Dübel 74

E
Eigenauskunft 18
Eingabegerät 52
Einkaufsliste 97
Einladung 101
Einnahmen 91
Einsparmöglichkeit 96
Einweihungsparty 100
Einzugsermächtigung 23
elektrostatisches
    Verhalten 75
Energieversorger 64
Essig 83, 85
Eurorolle 32
Explosionszeichnung 71

F
Familienkasse 69
Farbkonzept 30
Farbmenge 33
Farbrolle 42
Farbton 30
Fixkosten 92
Frikadelle 103
Frühjahrsputz 81

G
Garantie 58
Gebinde 33
Geld 90
Gerät, elektrisch 82
Gerät, nichtelektrisch 82
Gerichtsvollzieher 55
Gesamtdarstellung 71
Geschäftsbrief 15, 69
Gesprächsführung 17
Gewährleistung 57
Grundriss 29, 49

H
Hausapotheke 87
Haushaltsbuch 90
Haushaltsgerät 82
Haushaltsmittel 83
Haushaltsunfall 86
Hausordnung 106
Hydrokultur 88

I
IBAN 24
Institution 7, 68

K
Kalk 85
Kaltmiete 11
Kartusche 37
Käufer, Pflichten 56
Käufer, Rechte 56
Kaufvertrag 56
Kontoauszug 23
Kosten, variable 93
Kredit 54
Kulanz 59
Kündigung 25

L
Lackfarbe 33

M
Mahnung 55
Mahnverfahren 55
Makler 7 f.
Maßstab 29, 49
Materialkosten 35
Materialpreis 35
Mehrwertsteuer 8
Meldegesetz 68
Messwerkzeug 28
Mieter 11
Mieterselbstauskunft 18
Mietkaution 20, 22
Mietpreis 11
Mietspiegel 11
Mietvertrag 21

Minderung 57
Minimöbel 49
Möbelkauf 50
Möbelstellplan 46 ff., 67
Monatskaltmiete 8
Montage 70 ff.
Montageanleitung 71, 74
Montageplan 71

N
Nacherfüllung 57
Nachnahme 52 f.
Nachsendeauftrag 64
Nebenkosten 8, 12

P
Pappmaché 77
Pauschale 12
Pflanzenpflege 88
Pflegehinweis 89
Pflegesymbol 84
PIN 52
Planquadrat 13
Positionsnummer 71
Produkteigenschaft 95

R
Rabatt 35
Rate 54
Raufasertapete 38
Rechnung 52 f.
Reinigen 84
Reinigungsgerät 81
Reinigungsmittel 81, 83
Reinigungsplan 80
Reklamation 58
Riss 36
Rollenberechnung 32
Rückgaberecht 59
Rücktritt, Kaufvertrag 57

S
Saldo 94
Saugfähigkeit 36 f.
Schadensersatz 57
Schimmel 36
Schnittmuster 75
Schulden 94
Schuldenfalle 54
Schuldnerberater 55
Schuldnerberatungsstelle 55
schwarzes Brett 7
Senklot 39
Skizze 28
Sozialwohnung 9
Spachtelmasse 34
Sprühwasser 89
Stadtplan 13
Stoß 39
streichen 43
Stückliste 70
Symbol, Möbel 49

T
Tapetenbahn 38
Tapetenbedarf 32
Tapetenkleister 38
Tapezierwerkzeug 38
Telefonat 14
Textil 84
Textilart 84
Textilpflege 84
Transportfahrzeug 64, 66

U
Übergabeprotokoll 19, 22, 34
Überweisung 24
Überweisungsformular 24, 53
Ummeldung 69
Umzug 62 ff.
Umzugskarton 65
Umzugstag 67
Unfall 81, 86

Unfallverhütung 87
Untergrund 34
Untergrundmangel 34, 36
Untermiete 7

V
Verätzung 86
Verbraucherauskunft 18
Verbrauchsmenge 33
Verkäufer, Pflichten 56
Verkäufer, Rechte 56
Vermieter 19 f.
Verschuldung 55
Versorgungsbetrieb 68
Vollstreckungsbescheid 55

W
Wandfläche 32
Warmmiete 11
Waschen 84
Waschprogramm 84 f.
Waschtemperatur 84
Waschvorgang 85
Waschzeit 84
Wasserhärte 85
Weichzeit 36, 40
Werbeslogan 95
Wohnberechtigungsschein 9
Wohnbereich 47
Wohnformen 7
Wohngeld 9
Wohnheim 7
Wohnsitz 68
Wohnungsamt 9
Wohnungsbesichtigung 14, 19
Wohnungsgesellschaft 7
Wohnungsmarkt 9

Z
Zahlungsnachweis 59
Zimmerpflanze 88 f.

Glossar

Accessoires: Wörtlich übersetzt bedeutet es Zubehör oder Beiwerk. Es ist ein Sammelbegriff für modisches oder funktionales Beiwerk. In der Wohnung sind damit Dekorationsstücke gemeint.

Akzente: Das Wort hat mehrere Bedeutungen. Im Zusammenhang mit der Wohnungseinrichtung bedeutet es, ein Detail hervorheben.

Assoziation: Als Farbassoziation wird die gedankliche Verknüpfung eines Farbtones mit ihrer Bedeutung im Alltag oder Beruf bezeichnet. Sie wird stark von den persönlichen Erfahrungen beeinflusst.

Atmosphäre: Das Wort hat verschiedene Bedeutungen. Im Zusammenhang mit einer Feier, dem Wohnen, einer Einrichtung und Ähnlichem bedeutet es so viel wie Stimmung.

BIC: Bank Identifier Code. Der Begriff wurde mit der Euroüberweisung eingeführt und ersetzt den Begriff Bankleitzahl.

Budget: Im privaten Haushalt enthält es die Einnahmen und die geplanten Ausgaben für einen festgelegten Zeitraum (meist für einen Monat).

Buffet (auch Büfett): Das Wort hat verschiedene Bedeutungen. Es kann eine Anrichte oder ein Geschirrschrank sein. Im Zusammenhang mit dem Essen ist es eine bereitgestellte Auswahl von Speisen.

Bürgeramt: Das Bürgeramt wird auch oft Bürgerbüro genannt. Es ist eine Einrichtung der Städte und Gemeinden. Das Bürgeramt bietet dem Bürger Dienstleistungen an, z.B. Anmeldung des Wohnsitzes, Ausweisantragsstellung, Änderung in Fahrzeugpapieren ...

Chiffre: Sie bedeutet Ziffer oder Zahl und ist im heutigen Gebrauch eine Codierung (Verschlüsselung). In Annoncen steht sie für einen Absender.

DIN: Deutsches Institut für Normung. Die DIN besagt, wie etwas auszuführen ist oder auszusehen hat. Die DIN 5008 legt unter anderem die Schreib- und Gestaltungsregeln für den Geschäftsbrief fest.

Dispersionsfarbe: Dispersion bedeutet die feine, stabile und gleichmäßige Verteilung eines festen Stoffes in einer Flüssigkeit.

Dosierung: Die Menge eines Stoffes, die verwendet werden muss, um die gewünschte Wirkung zu erzielen.

Eigenauskunft (SCHUFA): Sie informiert über alle zur Person gespeicherten Daten, einschließlich der Angabe, wer diese an die SCHUFA weitergegeben hat – also umfassende und erläuterte Informationen.

Elektrostatisches Verhalten: Bestimmte Stoffe wirken durch Reibung anziehend bzw. abstoßend auf andere Materialien.
Bei gleicher Ladung stoßen sie sich ab, bei entgegengesetzter Ladung ziehen sie sich an.

Familienkasse: Sie ist eine Dienstelle der Agentur für Arbeit. Sie entscheidet unter anderem, ob ein Anspruch auf Kindergeld besteht.

Frikadelle: Frikadellen sind platte gebratene Fleischklöße. Im Nordosten Deutschlands werden sie z.B. Bulette genannt. Weitere Bezeichnungen sind: Gehacktesbällchen, Bratklößchen, Brisolette, Fleischpflanzerl, Gewiegtebrotle, Fleischkrapfen ...

Hydrokultur: Zimmerpflanzen werden in ein Substrat (körnige Tonstücke) eingepflanzt. Die Nährstoffe nimmt die Pflanze über das mit Nährstoffen angereicherte Gießwasser auf.

IBAN: International Bank Account Number. Der Begriff wurde mit der Euroüberweisung eingeführt und ersetzt den Begriff Kontonummer.

Karikatur: Heißt überladen/übertreiben. In der K. werden Menschen oder gesellschaftliche Zustände zeichnerisch komisch dargestellt. Sie ist eine Form der Kritik und hat oft einen politischen Hintergrund.

Kartusche: Sie ist ein zylinderförmiger Behälter. Dieser wird zur Aufbewahrung von Acryl und Silikon verwendet.

Kohlenstoffdioxid – CO_2: Ist ein natürlicher Bestandteil der Luft. CO_2 wird von Pflanzen aufgenommen und Sauerstoff O_2 abgegeben.

Kulanz: Es ist das Entgegenkommen zwischen Käufer und Verkäufer. Durch Verzicht auf die rechtliche Grundlage kann eine gekaufte Ware vom Geschäft umgetauscht werden, obwohl sie vom Umtausch ausgeschlossen ist.

Mehrwertsteuer: Die korrekte Bezeichnung ist Umsatzsteuer. Es handelt sich um eine Steuer, die ausschließlich der Verbraucher (Käufer) zahlt, der Verkäufer muss die Steuer an das Finanzamt abführen (zurzeit für Lebensmittel z. B. 7 %, ansonsten 19 %).

Meldegesetz: Das Gesetz regelt die Fristen, die beim Umzug eingehalten werden müssen. So muss man sich in den meisten Bundesländern innerhalb einer Woche nach dem Umzug umgemeldet haben.

Mietspiegel: Er ist eine Übersicht über die ortsübliche Vergleichsmiete des freien Wohnungsmarktes. Kriterien für den M. sind: Lage, Größe, baulicher Zustand, Ausstattung …

Pauschale: Sie ist ein einmalig vorab festgelegter Geldbetrag zur Bezahlung einer Leistung (z. B. Mietnebenkosten). Er muss als Gesamtbetrag bezahlt werden.

Pappmaché: Pappmaché wird aus feuchten Papierstücken und einem Bindemittel (Kleister) hergestellt. Daraus lassen sich verschiedene Gegenstände leicht und billig herstellen.

Spachtelmasse: Spachtelmassen werden zum Füllen von Rissen und Löchern eingesetzt. Je nach Verwendung wird nach der Feinheit der Füllmittel (fein, mittel, grob) unterschieden.

Verätzung: Die Verletzung von Haut oder Schleimhäuten durch Chemikalien, wie Säuren und Laugen, werden Verätzungen genannt. Die Schwere ist abhängig von der Konzentration und Menge des ätzenden Stoffes sowie deren Einwirkzeit.

Verbraucherauskunft (SCHUFA): Sie enthält nicht alle zur Person gespeicherten Daten, sondern nur die Informationen, die nötig sind, um Vertrauen zwischen den Vertragspartnern zu schaffen.

Wasserhärte: Natürliches Wasser enthält Inhaltsstoffe, z. B. Kalk. Je höher der Gehalt an Kalk ist, desto härter ist das Wasser.

Wohngeld: Es ist ein Zuschuss zur Miete. Den Zuschuss kann jeder, der ein geringfügiges Einkommen hat, bei der Stadtverwaltung (Gemeindeverwaltung) beantragen.

Bildquellenverzeichnis

adpic Bildagentur Baumann & Haid GbR, Bonn: 12.2 (M. Rimkus), 82.1e (B. Reitz-Hofmann), 96.1c (G. Hergenhan), 99.2 (R. Haid);
arturimages, Köln: 79.1 (Tom Scott/Red Cover);
Avenue Images GmbH, Hamburg: 99.1;
Baaske Cartoons, Müllheim: 55.3 (Mester);
Blomus GmbH, Sundern: 59.4 (bearbeitet), 74.1;
Corbis, Düsseldorf: Cover links (Pixland), 67.5 (Svenja-Foto/zefa), 100.1 (Alexander Scott/zefa);
Deutscher Sparkassen Verlag GmbH & Co. KG, Stuttgart: 24.1, 53.6;
Druwe & Polastri, Photostudio, Cremlingen/Weddel: 16.1, 17.3, 18.2, 19.7, 20.1, 20.2, 21.3, 22.1, 22.2, 25.4, 26.2, 27.1, 27.2, 27.3, 28.1, 28.2, 34.1, 34.2, 34.3, 37.4, 37.5, 38.1, 39.3, 40.1, 41.2, 41.3, 41.4, 41.5, 42.5, 43.6, 43.7, 43.8, 44.1, 44.5, 44.7, 44.9, 45.1, 45.4, 46.1, 49.3, 50.1a, 50.2a, 50.2b, 52.1, 54.2, 56.4, 57.5a, 57.5b, 58.2, 58.3, 60.1, 60.2, 60.3, 60.4, 61.1, 61.2, 61.3, 62.1, 62.2, 63.3, 65.2, 65.3, 65.4, 66.1, 66.2, 66.3, 67.4, 67.6, 69.2, 69.3, 70.1, 70.2, 71.3, 71.4, 71.5, 71.6, 72.1, 72.2a, 72.2b, 72.2c, 72.2d, 73.2, 73.3a, 73.3b, 73.3c, 76.1, 78.1, 78.2, 79.2, 83.2, 83.3, 84.1, 87.3, 87.5, 88.1, 88.2, 88.3, 89.1, 89.2, 89.3, 90.2, 94.1, 94.2, 97.2, 97.3, 98.2, 98.3, 101.2, 102.1, 103.4, 104.1, 104.2, 105.3, 105.4, 107.1, 107.2, 107.3, 107.4;
Entsorgungsbetrieb der Stadt Mainz, Mainz: 12.3;
Erfurt & Sohn KG, Wuppertal: 39.2;
Flora Press, Hamburg: 77.3, 78.3;
Fotex Medien Agentur GmbH, Hamburg: 99.3 (Susa);
fotolia.com , US-New York: 47.3 (David Hughes), 52.4 (Creative Studio), 76.1 (Famer), 79.3 (Andrey Armyagov), 80.1 (Baloncici), 90.1 (Christian Stoll), 98.1 (Baloncici);
Gesamtverband der deutschen Textil- und Modeindustrie e.V., Berlin: 84.Tab.1;
Hugo Brennenstuhl GmbH & Co. KG, Tübingen: 42.4;
IFA-Bilderteam GmbH, Ottobrunn / München: 5.3 (v. Stroheim), 26.3 (v. Stroheim);
IKEA Deutschland, Hofheim-Wallau: 50.1b;
iStockphoto, CAN-Calgary: 52.1 (Clivia), 60.2 (Clivia), 82.1a (fotoIE), 82.1b (omanwhynotstudios), 82.1c (Scrambled), 82.1d und 1e (jorgenjacobsen), 94.3 (dra_schwartz);
Jahreszeiten Verlag GmbH, Hamburg: 47.2 (Christian Bordes);
Joker, Bonn: 45.2 (Karl-Heinz Hick);

Karl Hagenböcker Werkzeugfabrik GmbH, Remscheid: 36.1, 36.2, 36.3;
mauritius images, Mittenwald: Cover rechts (OJO Images Ltd:), 52.3 (Herbert Kehrer/imagebroker);
MS Wohnstudio GbR, Winhöring: 50.1c;
Möhle, Jutta, Braunschweig: 42.2;
Picture-Alliance GmbH, Frankfurt am Main: 5.1 (Max Lautenschläger/Berliner Picture Gate), 6.1 (Karl Mittenzwei/Berlin Picture Gate), 6.2 (Patrick Pleul/ZB), 68.1 (Peer Grimm/dpa-Report), 106.2 (Hans Wiedl/dpa-Report);
pixelio media GmbH, München: 102.2 (Siegrfried Fries);
SCIENTICON Scientific Consulting Dr. Rudolf Hüster, Rielasingen: 19.4;
Senatsverwaltung für Stadtentwicklung Berlin, Berlin: 11.2;
SKS Design GmbH, Sundern: 50.2c;
Sperling Info Design GmbH, Gehrden: 8.1, 8.2, 9.3, 11.1, 12.1, 14.1, 14.2, 15.3, 16.2, 17.4, 18.1, 18.3, 19.6, 22.1a, 23.3, 23.4, 24.3, 25.5, 26.1, 29.4, 31 (alle), 32.1, 33.2, 35.4, 38.2a, 38.2b, 38.2c, 38.2d, 38.2e, 38.2f, 39.3a, 39.3b, 39.3c, 39.3d, 39.3e, 39.3f, 40.1, 40.2a, 40.2b, 40.2c, 40.2d, 40.2e, 40.2f, 41.6a, 41.6b, 41.6c, 42.1, 42.3, 44.2, 44.4, 44.6, 44.8, 44.10, 45.3, 46.1, 48.1, 48.2 (alle), 49.2, 51.2, 53.5, 54.1, 56.1, 56.2, 56.3, 58.1, 59.5, 68. Tab.1a, 75 (alle), 86.1, 86.2, 92.1, 95.4, 101.3, 103.5, 106.1;
Stockfood, München: 77.2 (FoodPhotography);
ullstein bild, Berlin: 5.2 (Sylent Press), 19.5 (Hoffmann/CARO), 96.1d (Wodicka), 96.1e (KPA);
Ulrich Nusko, CH-Bern: 85.2;
Verbraucherzentrale Bundesverband e.V., Berlin: 90.3;
Volkswagen AG, Wolfsburg: 64.1;
WILDLIFE Bildagentur GmbH, Hamburg: 96.1b (D. Harms);

Verlag und Autoren möchten den aufgeführten Firmen, Verbänden, Institutionen, Zeitschriften- und Buchverlagen sowie Einzelpersonen für ihre tatkräftige und großzügige Hilfe bei der Bereitstellung von Bild- und Informationsmaterial und ihre Beratung danken.

Falls ein Bild oder ein Text nicht richtig oder gar nicht im Verzeichnis erscheint, bitten wir nachdrücklich um Entschuldigung. Wir bitten Sie, sich mit dem Verlag in Verbindung zu setzen.

Die Reihe für die Berufsausbildungsvorbereitung

BERUFSFELDER

Metall
Schülerbuch
112 Seiten
978-3-14-**290500**-6

Lehrerband
192 Seiten
978-3-14-**290600**-3

Gastgewerbe Hauswirtschaft
Schülerbuch
112 Seiten
978-3-14-**290504**-4

Lehrerband
192 Seiten
978-3-14-**290604**-1

Bau
Schülerbuch
112 Seiten
978-3-14-**290501**-3

Lehrerband
192 Seiten
978-3-14-**290601**-0

Holz
Schülerbuch
112 Seiten
978-3-14-**290502**-0

Lehrerband
192 Seiten
978-3-14-**290602**-7

Farbe + Raum
Schülerbuch
112 Seiten
978-3-14-**290503**-7

Lehrerband
192 Seiten
978-3-14-**290603**-4

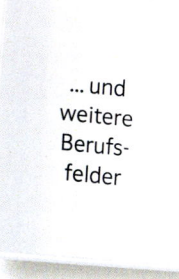
... und weitere Berufsfelder

FÄCHER

Deutsch
Schülerbuch
160 Seiten
978-3-14-**290530**-3

Lehrerband
192 Seiten
978-3-14-**290630**-0

Mathematik
Schülerbuch
160 Seiten
978-3-14-**290531**-0

Lehrerband
192 Seiten
978-3-14-**290631**-7

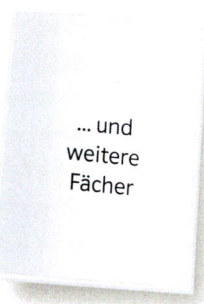
... und weitere Fächer

THEMEN

Wohnen
Schülerbuch
112 Seiten
978-3-14-**290520**-4

Lehrerband
208 Seiten
978-3-14-**290620**-1

Geld
Schülerbuch
112 Seiten
978-3-14-**290521**-1

Lehrerband
192 Seiten
978-3-14-**290621**-8

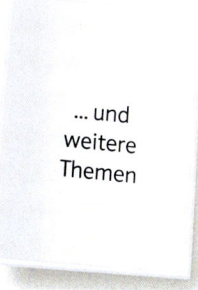
... und weitere Themen

Alle Informationen zur Reihe finden Sie unter: **www.westermann.de/bav**